ほんとうの道徳

苫野一徳
Ittoku Tomano

トランスビュー
TRANSVIEW

はじめに

道徳教育はやるべきでない？

小学校では二〇一八年度から、中学校では二〇一九年度から、「特別の教科　道徳」の全面実施が始まりました。それまで「道徳の時間」と呼ばれていたものが、正式な教科になったわけです。

道徳が教科になるということは、検定教科書が使われ、これまで以上に「評価」もしっかり行われるということです。

この点については、これまでさまざまな立場から侃侃諤諤《かんかんがくがく》たる議論が繰り広げられてきました。特に「評価」については、道徳に評価の基準や尺度など存在するのか、価値観の押しつけにはならないか、といった疑問が多く出されてきました。

――と、ここで早速ですが、本書の結論をまず一つ。

評価云々《うんぬん》の前に、実は原理的に言って、「道徳教育」は本来学校がやるべきではないのです。

代わりにやるべきは、「市民教育」です。

なぜ、学校では「道徳教育」をやるべきではないのか、そして「市民教育」とは一体何なのか。その詳細は本論で存分に論じていくことにしたいと思いますが、大きなことを言うなら、この結論は、人類の血で血を洗う争いの果てに、哲学者たちがようやく二百数十年前に考え出した偉大な知恵なのです。

でもそのことが、一般の人々だけでなく、政治や行政や教育関係者の間でさえ、まだまだ十分に共有されていないのが現状です。だからこの知恵を、わたしは多くの方に知っていただきたい、改めて考えてみてほしいと強く願っています。

そんなわけで、本書のもう一つのねらいは、今の「道徳教育」を成熟した「市民教育」へと発展させるためのプログラムを提案することです。

「教科」になったばかりだから、道徳教育をすぐになくすのは難しいかもしれません。でも、「市民教育」へと発展的に解消することならできるはず。一〇～一五年後の来《きた》るべきその日に向けて、今学校現場では何ができるのか、保護者には何ができるのか、そして子どもたちは、何をどう考えればいいのか、論じていくことにしたいと思います。

道徳教育でいじめは防《ふせ》げるか

道徳が教科になった大きな背景は、二〇一一年、滋賀県大津市で起こった、中学二年生のいじめによる自殺だったと言われています。

その後の二〇一三年、安倍晋三首相の私的諮問《しもん》機関、教育再生実行会議は、いじめ防止を主な理由に、道徳を教科にするよう提言をとりまとめました（この経緯の詳細は、藤川大祐『道徳教育は「いじめ」をなくせるのか』NHK出版、を参照）。

でも、わたしたちは少し立ち止まって考える必要があります。

道徳を教科にすることで、いじめはほんとうに防《ふせ》げるのでしょうか？

むしろわたしたちは、こう問わなければならないはずです。いじめ防止に効果的な教育とは、一体どんな教育なのか、と。いじめを本気で防ぎたい、なくしたいと思うのなら、その実証的な研究を踏まえて、学校現場に取り入れていくのが筋であるはずです。

でもわたしの知るかぎり、そのような研究は、道徳の教科化の過程で十分に行われることも、大いに参照されることもありませんでした。道徳の教科化は、ほんとうにいじめ防止に役立つのかどうか分からないまま、そして、どのような教育をすればいじめを防げるのかも確かでないまま実現することになったのです。

実は皮肉なことに、大津いじめ自殺事件が起きた中学校は、文科省の「道徳教育実践推進事業」の指定校でした。そしてその学校は、道徳教育の主な目標の一つとして、「いじめのない学校づくり」を謳《うた》っていたのでした。

とすれば、いじめ防止は、実は世論を動かすための一つのきっかけだったのではないか。そう見ることもできるかもしれません。

教育というのは、とかくさまざまな思惑や利害が渦《うず》巻く世界です。道徳の教科化も、もちろん、その背景にはさまざまな人のさまざまな思惑がありました。

古きよき（？）日本の伝統を重んじる保守派の政治家たちは、愛国心を育てる道徳教育をせよと長らく訴えてきました。一部の道徳教育の専門家も、道徳の教科化を積極的に推進してきました。

ちょっとゾッとするような思惑も取りざたされています。

格差が広がる今日、国民の間にはさまざまな不安や不満が高まっています。だから国民を権力に従順にするために、道徳教育を充実させようと考える人たちが、大きな力を持っているというのです。たとえ格差が広がっても、あらかじめ教育で連帯意識を備えた従順な国民をつくれば、不満は最小限に抑えられるという発想です（広田照幸『格差・秩序不安と教育』世織書房、参照）。

以上のように、さまざまな背景や思惑によって「特別の教科」となった道徳ですが、とにもかくにも、教科になってしまったものは仕方ありません。

わたし自身は、これからも、学校教育において道徳教育は本来すべきではない、ということを、哲学的に論証し訴え続けるつもりです。でも同時に、当面の間は続けざるをえない道徳教育を、どうすれば実りあるものにできるか、本書で精一杯提言したいと考えています。そして、来るべき「市民教育」への発展的解消の道を開きたい、と。

道徳教育の〝うさんくささ〟

というのも、わたしのもとには、道徳の授業にひどく悩んでいる先生方の声が日々届いているからです。授業で扱わなければならない徳目（内容項目と言います）に、自分自身どうしても納得できない、とか、「こんなことを教える資格が自分にあるのか」とか、真剣に悩んでしまうというのです。

確かに、道徳教育はいつの時代もある種の〝うさんくささ〟がつきまとうものです。道徳教育をすればするほど、子どもも先生も、ある種の〝うさんくささ〟を感じてしまうことがあるのです。

この〝うさんくささ〟には、大きく二つあるように思います。

一つは、道徳を語る先生自身に、生徒が何となく〝うさんくささ〟を感じ取ってしまうこと。たとえば、「誰に対しても分け隔《へだ》てをせず、公正・公平な態度で接すること」（これも内容項目の一つです）と言う教師に対して、「そんなことを言う先生自身が、一部の生徒を依怙贔屓《えこひいき》してるじゃないか」と、子どもたちが感じてしまうことがある。

もう一つの〝うさんくささ〟は、道徳の授業の内容それ自体に感じる〝うさんくささ〟です。たとえば、「友達と仲よくし、助け合うこと」（これも内容項目の一つです）とか言いながら、クラスには実はいじめがあって、みんなが見て見ないふりをしてしまっているということがある。そんな現実を見るにつけ、子どもたちは、「どうせ道徳なんて綺麗事《きれいごと》」と、ますます〝うさんくささ〟を募《つの》らせてしまうことになるでしょう。

先生の中にも、そんな〝うさんくささ〟を感じている人はもちろんいます。だからそんな授業をしている自分に、どこか〝やましさ〟のようなものを感じてしまう。

生徒も先生も、お互いが何となく〝うさんくささ〟や〝やましさ〟を感じながら授業をしているのだとするならば、それはとても不幸なことです。

大学の教育学部で、わたしは「道徳教育の理論と実践《じっせん》」という授業を担当しています。受講している学生たちに、子どもの頃の道徳教育の印象を聞いてみると、毎年必ず、「道徳なんて、先生が望む答えを〝いい子〟になって答えていればいいだけのものと考えていた」と言う学生が大勢います。

これもまた、やっぱりとても不幸なことです。はっきり言って、道徳教育は単なる〝茶番〟になってしまっている場合が少なくないのです。

もちろん、道徳教育の全部が全部〝茶番〟であるわけではありません。すぐれた道徳教育の実践はたくさんあるし、〝まじめ〟な生徒や素直な年頃の子どもたちなら、先生や道徳教材の話を、心を開いて受け止めようとすることもあるでしょう。

でも現実的に言って、道徳教育は、こうした〝うさんくささ〟や〝茶番〟めいた側面をどうしても拭《ぬぐ》い去れない傾向があるのです。

だからわたしは、本書で、そんな〝うさんくささ〟や〝茶番〟とは無縁の道徳教育のあり方を提言したい。学校の先生たちが、その気になれば日々の実践でしっかり取り組めるような道徳教育を提案したい。そして繰り返しますが、遠くない将来、「道徳教育」を、成熟した「市民教育」へと発展的に解消する道筋を示したい。そう考えています。

本書の構成

本書は三部構成になっています。

まず第Ⅰ部では、「そもそも道徳とは一体何なのか?」ということを哲学的に明らかにします。哲学とは、さまざまな物事の「そもそも」「本質」を考え抜く営《いとな》みです。そしてその上で、それにまつわる問題を力強く解き明かすものです。

道徳についても、「そもそも道徳とは何なのか」という問いにとことん考え抜かれた〝答え〟を見出《みいだ》すことなしに、地に足のついた道徳教育なんてできるはずがありません。でも、わたしの考えでは、これまでの道徳教育において、この〝答え〟は十分に共有されてきませんでした。そしてわたしの知る限り、教科化の過程でも、道徳の本質について十分に深い議論がなされることはありませんでした。

実は哲学は、その二五〇〇年の歴史を通して、この問いにはっきりとした〝答え〟を出しているのです。もちろんそれは、絶対の正解ではありません。哲学者の間でも、異論はきっとあるでしょう。でも、哲学の大事な仕事は、こうした本質的な問いに対して、できるだけ共通了解可能な答えをまずはテーブルの上に置いて多くの人の吟味にさらすことにあります。そしてその上で、議論や対話を通して、その考えをよりよいものへとブラッシュアップしていくことにあるのです。

そのためにも、本書の冒頭で、わたしはまず、わたしが最も突き詰めて考えられていると思う道徳の本質論を、読者の皆さんの検証へと投げかけたいと考えています。

第Ⅱ部では、その上で、(現行の学習指導要領の範囲内で) どんな実りある道徳教育ができるか、具体的なアイデアの数々を提案したいと思います。

アイデアは大きく三つです。一つ目は、今では少なくない学校でも実践されるようになっている「哲学対話」。二つ目は、「学校・ルールをつくり合う道徳教育」。そして三つ目は、「プロジェクトとしての道徳教育」です。

ここで紹介する方法は、その気になれば、学校の先生方がすぐに取り組むことができるものだと思います。保護者のみなさんにとっても、お子さんたちと家庭で取り組めるアイデアがたくさんあるのではないかと思います。ぜひ、それぞれの現場で、これらのアイデアを活用・応用した実践にチャレンジいただければうれしく思います。

そして第Ⅲ部では、来るべき市民教育を、これから学校でどう実践していくことができるか、大胆な提言をしていきたいと思います。単なる授業の方法論ではなく、学校そのものを、市民を育《はぐく》むという観点からどう変えていく必要があるかという提言です。

詳しくは本文で述べますが、今後学校は、わたしたちがこれまでに見たこともないような姿に間違いなく変わっていきます。変えていく必要があります。

その時、わたしたちは学校を、「市民」を育む空間として改めてどのようなものにしていくべきなのか。このことを、わたしたちは考え合い、具体的なビジョンを示していく必要があるのです。

本書では、その具体的な提言、ビジョンを、大いに描いていくことにしたいと考えています。

目次

第Ⅰ部　ほんとうの道徳

第1章　ルールと道徳

第2章　道徳とは何か？

第Ⅱ部　ほんとうの道徳教育

第3章　哲学対話

第Ⅲ部　市民教育への道

第6章　来るべき市民教育のために

第Ⅰ部　ほんとうの道徳

第Ⅰ部では、そもそも道徳とは一体何なのか、哲学的に明らかにしたいと思います。

哲学、と聞くと、何だか難しそう、と思われるかもしれません。でもどうか身構えずにお読みいただければと思います。中学生でも分かるくらいのやさしさで、以下、道徳の本質を明らかにしたいと思っています。本書の土台の部分になりますので、ぜひじっくりと、でも肩の力を抜いてお読みください。

第1章　ルールと道徳

絶対に正しい道徳なんてない？

道徳って、そもそも一体何なのでしょう？

単純に考えるなら、それは「よい」「正しい」行いや考えのこと。

でも、「よい」「正しい」行いや考えって、一体何なのでしょう？

ウソをつかないこと？　――でもわたしたちは、いついかなる時も絶対にウソをつかないことを「よい」と言えるでしょうか？　どんな時も、正直に「あなたが大嫌い」とか、言ってもいいものなのでしょうか？

親は幼い子どもに、「お母さん、お父さんが留守の時、知らない人が訪ねてきても玄関を開けないように。もし何か言われたら、お母さん、お父さんは今手が離せませんと言うように」なんて教えたりはしないでしょうか。そんな身を守るためのウソも、絶対についてはいけないものなのでしょうか？

「約束や決まりを守ること」はどうでしょう?
――それがどんな理不尽《りふじん》な決まりごとであったとしても?
「父母、祖父母を敬愛すること」は?
――自分を虐待する親に対しても?
「伝統や文化を尊重し、国を愛すること」は?
――人権侵害のような伝統であっても?

どんなに普遍《ふへん》的に見える道徳も、わたしたちは残念ながら、それを絶対に「正しい」ものと言うことはできません。にもかかわらず、そんな道徳を、わたしたちは子どもたちに自信を持って教えることなんてできるのでしょうか。

今右に挙げた例もまた、「特別の教科　道徳」の学習指導要領に掲載された、小中学校で取り扱うべき内容項目の一部です。でも先に見たように、これらの項目は、残念ながら絶対に正しいとは言えないものばかりなのです。

小学校第５学年及び第６学年(22)		中学校(22)
自由を大切にし、自律的に判断し、責任のある行動をすること。	自主、自律、自由と責任	自律の精神を重んじ、自主的に考え、判断し、誠実に実行してその結果に責任をもつこと。
誠実に、明るい心で生活すること。		
安全に気を付けることや、生活習慣の大切さについて理解し、自分の生活を見直し、節度を守り節制に心掛けること。	節度、節制	望ましい生活習慣を身に付け、心身の健康の増進を図り、節度を守り節制に心掛け、安全で調和のある生活をすること。
自分の特徴を知って、短所を改め長所を伸ばすこと。	向上心、個性の伸長	自己を見つめ、自己の向上を図るとともに、個性を伸ばして充実した生き方を追求すること。
より高い目標を立て、希望と勇気をもち、困難があってもくじけずに努力して物事をやり抜くこと。	希望と勇気、 克己と強い意志	より高い目標を設定し、その達成を目指し、希望と勇気をもち、困難や失敗を乗り越えて着実にやり遂げること。
真理を大切にし、物事を探究しようとする心をもつこと。	真理の探究、創造	真実を大切にし、真理を探究して新しいものを生み出そうと努めること。
誰に対しても思いやりの心をもち、相手の立場に立って親切にすること。	思いやり、感謝	思いやりの心をもって人と接するとともに、家族などの支えや多くの人々の善意により日々の生活や現在の自分があることに感謝し、進んでそれに応え、人間愛の精神を深めること。
日々の生活が家族や過去からの多くの人々の支え合いや助け合いで成り立っていることに感謝し、それに応えること。		
時と場をわきまえて、礼儀正しく真心をもって接すること。	礼儀	礼儀の意義を理解し、時と場に応じた適切な言動をとること。
友達と互いに信頼し、学び合って友情を深め、異性についても理解しながら、人間関係を築いていくこと。	友情、信頼	友情の尊さを理解して心から信頼できる友達をもち、互いに励まし合い、高め合うとともに、異性についての理解を深め、悩みや葛藤も経験しながら人間関係を深めていくこと。
自分の考えや意見を相手に伝えるとともに、謙虚な心をもち、広い心で自分と異なる意見や立場を尊重すること。	相互理解、寛容	自分の考えや意見を相手に伝えるとともに、それぞれの個性や立場を尊重し、いろいろなものの見方や考え方があることを理解し、寛容の心をもって謙虚に他に学び、自らを高めていくこと。
法やきまりの意義を理解した上で進んでそれらを守り、自他の権利を大切にし、義務を果たすこと。	遵法精神、公徳心	法やきまりの意義を理解し、それらを進んで守るとともに、そのよりよい在り方について考え、自他の権利を大切にし、義務を果たして、規律ある安定した社会の実現に努めること。
誰に対しても差別をすることや偏見をもつことなく、公正、公平な態度で接し、正義の実現に努めること。	公正、公平、社会正義	正義と公正さを重んじ、誰に対しても公平に接し、差別や偏見のない社会の実現に努めること。
働くことや社会に奉仕することの充実感を味わうとともに、その意義を理解し、公共のために役に立つことをすること。	社会参画、公共の精神	社会参画の意識と社会連帯の自覚を高め、公共の精神をもってよりよい社会の実現に努めること。
	勤労	勤労の尊さや意義を理解し、将来の生き方について考えを深め、勤労を通じて社会に貢献すること。
父母、祖父母を敬愛し、家族の幸せを求めて、進んで役に立つことをすること。	家族愛、家庭生活の充実	父母、祖父母を敬愛し、家族の一員としての自覚をもって充実した家庭生活を築くこと。
先生や学校の人々を敬愛し、みんなで協力し合ってよりよい学級や学校をつくるとともに、様々な集団の中での自分の役割を自覚して集団生活の充実に努めること。	よりよい学校生活、 集団生活の充実	教師や学校の人々を敬愛し、学級や学校の一員としての自覚をもち、協力し合ってよりよい校風をつくるとともに、様々な集団の意義や集団の中での自分の役割と責任を自覚して集団生活の充実に努めること。
我が国や郷土の伝統と文化を大切にし、先人の努力を知り、国や郷土を愛する心をもつこと。	郷土の伝統と文化の尊重、 郷土を愛する態度	郷土の伝統と文化を大切にし、社会に尽くした先人や高齢者に尊敬の念を深め、地域社会の一員としての自覚をもって郷土を愛し、進んで郷土の発展に努めること。
	我が国の伝統と文化の 尊重、国を愛する態度	優れた伝統の継承と新しい文化の創造に貢献するとともに、日本人としての自覚をもって国を愛し、国家及び社会の形成者として、その発展に努めること。
他国の人々や文化について理解し、日本人としての自覚をもって国際親善に努めること。	国際理解、国際貢献	世界の中の日本人としての自覚をもち、他国を尊重し、国際的視野に立って、世界の平和と人類の発展に寄与すること。
生命が多くの生命のつながりの中にあるかけがえのないものであることを理解し、生命を尊重すること。	生命の尊さ	生命の尊さについて、その連続性や有限性なども含めて理解し、かけがえのない生命を尊重すること。
自然の偉大さを知り、自然環境を大切にすること。	自然愛護	自然の崇高さを知り、自然環境を大切にすることの意義を理解し、進んで自然の愛護に努めること。
美しいものや気高いものに感動する心や人間の力を超えたものに対する畏敬の念をもつこと。	感動、畏敬の念	美しいものや気高いものに感動する心をもち、人間の力を超えたものに対する畏敬の念を深めること。
よりよく生きようとする人間の強さや気高さを理解し、人間として生きる喜びを感じること。	よりよく生きる喜び	人間には自らの弱さや醜さを克服する強さや気高く生きようとする心があることを理解し、人間として生きることに喜びを見いだすこと。

「特別の教科 道徳（道徳科）」の内容項目の一覧（平成27年3月告示 一部改正学習指導要領）

	小学校第１学年及び第２学年（19）	小学校第３学年及び第４学年（20）
A　主として自分自身に関すること		
善悪の判断、自律、自由と責任	よいことと悪いこととの区別をし、よいと思うことを進んで行うこと。	正しいと判断したことは、自信をもって行うこと。
正直、誠実	うそをついたりごまかしをしたりしないで、素直に伸び伸びと生活すること。	過ちは素直に改め、正直に明るい心で生活すること。
節度、節制	健康や安全に気を付け、物や金銭を大切にし、身の回りを整え、わがままをしないで、規則正しい生活をすること。	自分でできることは自分でやり、安全に気を付け、よく考えて行動し、節度のある生活をすること。
個性の伸長	自分の特徴に気付くこと。	自分の特徴に気付き、長所を伸ばすこと。
希望と勇気、努力と強い意志	自分のやるべき勉強や仕事をしっかりと行うこと。	自分でやろうと決めた目標に向かって、強い意志をもち、粘り強くやり抜くこと。
真理の探究		
B　主として人との関わりに関すること		
親切、思いやり	身近にいる人に温かい心で接し、親切にすること。	相手のことを思いやり、進んで親切にすること。
感謝	家族など日頃世話になっている人々に感謝すること。	家族など生活を支えてくれている人々や現在の生活を築いてくれた高齢者に、尊敬と感謝の気持ちをもって接すること。
礼儀	気持ちのよい挨拶、言葉遣い、動作などに心掛けて、明るく接すること。	礼儀の大切さを知り、誰に対しても真心をもって接すること。
友情、信頼	友達と仲よくし、助け合うこと。	友達と互いに理解し、信頼し、助け合うこと。
相互理解、寛容		自分の考えや意見を相手に伝えるとともに、相手のことを理解し、自分と異なる意見も大切にすること。
C　主として集団や社会との関わりに関すること		
規則の尊重	約束やきまりを守り、みんなが使う物を大切にすること。	約束や社会のきまりの意義を理解し、それらを守ること。
公正、公平、社会正義	自分の好き嫌いにとらわれないで接すること。	誰に対しても分け隔てをせず、公正、公平な態度で接すること。
勤労、公共の精神	働くことのよさを知り、みんなのために働くこと。	働くことの大切さを知り、進んでみんなのために働くこと。
家族愛、家庭生活の充実	父母、祖父母を敬愛し、進んで家の手伝いなどをして、家族の役に立つこと。	父母、祖父母を敬愛し、家族みんなで協力し合って楽しい家庭をつくること。
よりよい学校生活、集団生活の充実	先生を敬愛し、学校の人々に親しんで、学級や学校の生活を楽しくすること。	先生や学校の人々を敬愛し、みんなで協力し合って楽しい学級や学校をつくること。
伝統や文化の尊重、国や郷土を愛する態度	我が国や郷土の文化と生活に親しみ、愛着をもつこと。	我が国や郷土の伝統と文化を大切にし、国や郷土を愛する心をもつこと。
国際理解、国際親善	他国の人々や文化に親しむこと。	他国の人々や文化に親しみ、関心をもつこと。
D　主として生命や自然、崇高なものとの関わりに関すること		
生命の尊さ	生きることのすばらしさを知り、生命を大切にすること。	生命の尊さを知り、生命あるものを大切にすること。
自然愛護	身近な自然に親しみ、動植物に優しい心で接すること。	自然のすばらしさや不思議さを感じ取り、自然や動植物を大切にすること。
感動、畏敬の念	美しいものに触れ、すがすがしい心をもつこと。	美しいものや気高いものに感動する心をもつこと。
よりよく生きる喜び		

考え、議論する道徳

文部科学省も、もちろんそのことはよく理解しています。だから道徳の評価も、何か絶対の答えに到達したかどうかを測るのではないということを明言しています。また、評価は数値ではなく記述式にすること、他の児童生徒との比較はしないこと、そして、児童生徒のよさを伸ばしていけるような評価を目指すこと、と。

さらに文科省は、道徳教育の基本方針は「考え、議論する道徳」であるとしています。特定の価値を押しつけるのではなく、子どもたち同士で「考え、議論する道徳」を目指そうというのです。

その方向性自体は、とてもよい。

でも、それもやり方によっては〝茶番〟になりかねないのです。もしも先生が、学習指導要領に定められた内容項目を、子どもたちに教えるべき金科玉条の価値であると考えてしまったならば。

たとえば、有名な「星野君の二塁打」という小学校六年生の道徳教材があります。

こんな話です。

バッターボックスに立った星野君は、監督からバントの指示を受けます。でも、打てそうな予感がしたのでバットを振ると、結果は二塁打。おかげでチームは勝利することになりました。

ところが翌日、監督は選手を集めて星野君を叱責《しっせき》します。「いくら結果がよかったからといって、約束を破ったことには変わりはないんだ」「ぎせいの精神のわからない人間は、社会へ出たって、社会をよくすることなんか、とてもできないんだよ」「チームの約束を破り、和を乱した者を、そのままにしておくわけにはいかない」と言って。

こうして星野君は、次の大会への出場を禁止されてしまいます。


世間でもずいぶん話題になった教材です。多くの議論を呼びました。どれだけ理不尽であっても、監督の指示は絶対なのか、約束を破ってはならないのか。多くの人が、この教材の〝おかしさ〟に憤慨しました。

「星野君の二塁打」は、内容項目「規則の尊重」を扱う際のものです。ですから、もし先生が、この項目を子どもたちに必ず到達させるべき価値と捉《とら》えてしまったならば、この教材の扱い方も自《おの》ずと決まってしまいます。どれだけ「考え、議論」したところで、行き着く先は「規則は尊重しなければならない」なのです（実を言うと、教科書に掲載されている「星野君の二塁打」は、作者の意図が不当に歪《ゆが》められていると言っていいほど、原作の内容がカットされてしまっています。その点においても、問題の多い教材と言うべきでしょう。詳細は、寺脇研『危ない「道徳教科書」』宝島社、を参照)。

ルールは自由を縛《しば》るもの？

でも、そもそもルールとは何なのでしょう？　与えられたルールにただ従順に従《したが》うことが、ほんとうに〝道徳的〟と言えるのでしょうか？

ここで少し、このあと「市民教育」の本質を論じるのに先立って、ルールの本質を明らかにしておくことにしたいと思います。

日本人の多くは、「ルールは自由を縛《しば》るもの」という感覚を、多かれ少なかれ持ってしまっているように思います。また、ルールは上から「押しつけられるもの」という感覚も、いくらかあるように思います。

でもそれはまったくの誤解です。むしろルールは、誰もができるだけ「自由」になるために、自分たちでつくり合うべき約束事なのです。

交通ルールがなければ、いたるところ事故だらけになって、自由どころか命さえ危険です。わたしたちは、法律というルールを共につくることによって、安全安心に暮らせる社会を実現しているのです。

もちろん、法律をつくるのは政治家です。でも、その政治家を選ぶのはわたしたち市民です。現代の市民社会では、法律は王様などが勝手につくっていいものではなく、わたしたち市民の手で共につくり上げるものなのです（念のため言っておくと、ここで言う「市民」とは、○○市の市民という意味ではなく、この民主主義社会の構成員にして担《にな》い手という意味での「市民」です）。

スポーツのルールもまた、そのスポーツがより楽しくなるためにつくられるものです。手を使ってはいけないというサッカーのルールは、何もマゾヒスティックにプレイヤーの自由を縛るためにあるわけではなく、そのことでより自由にゲームを楽しむためにあるのです。だから、ゲームをもっと楽しいものにするためであれば、スポーツのルールだって変更されます。

ルールは自由を縛るもの、という感覚をわたしたちが持ってしまっている一番の原因は、実は学校にあるのではないかとわたしは密《ひそ》かに考えています。

学校には、学校でしか通用しないルールがあまりに多すぎます。発言の仕方《しかた》から、持ち物の統一、はては「無言清掃《せいそう》」や「無言給食」にいたるまで、絶対にダメとは言いませんが、社会から見ればちょっと異様な決まりが多すぎるように思います。

そして何より問題なのは、そのルールを、子どもたち自身が自分たちで変えたりつくったりする機会が、あまり保障されていないということです。

よく、若者は政治に興味がないとか、投票に行かないとか言われます。でもその責任は、実は多くの場合、学校にあるのではないかとわたしは思います。学校は変えられる、自分たちでつくっていける。そんな感覚を、多くの子どもたちは持てずに学校生活を送っているのではないでしょうか。そんな彼ら彼女らが、社会は変えられる、自分たちでつくっていけるなんて思えないのは、当然のことです。

もちろん、ルールは最初は与えられるものです。でも、成長に伴《ともな》って、ルールは共につくり合うものだということを、子どもたちはもっと十分に経験するべきです。その機会を、学校はもっと本気で保障するべきなのです。

「市民教育」とは何か?

実を言うと、今言ったことこそ、「市民教育」と呼ばれるものの本質なのです。

あとでくわしく言うように、この社会はきわめて多様な人たちからなる社会です。多様な生き方、宗教、道徳、価値観が渦巻く社会です。

そんな多様な人たちの価値観を、わたしたちは一つにまとめてしまうことなんてできません。誰もがこの宗教を信じよとか、どんなに理不尽でも年長者には必ず従えとか、お父さんが働きに出てお母さんが家事や育児をするのが当然だとか、そんなふうに価値観を統一することなんてできません。

だから、他者の「自由」を侵害しないかぎり、誰もが自分の「自由」な生き方、「自由」な価値観を追求できること。これを、わたしたちは近代社会の大原則としているのです。どんな価値観やモラルの持ち主も、それが他者の「自由」を侵害しないかぎり、まずはお互いにその「自由」を認め合うこと。その上で、できるだけみんなが納得できるルールを、共につくり合うこと。市民社会とは、多様な価値観の持ち主たちが、自由に平和に共存するため、共にルールをつくり合う社会にほかならないのです。

決められたルールに従順に従えと言うのは、だから本来、市民社会の原則に反することなのです。「星野君の二塁打」が、「規則を守る」を金科玉条の価値として掲《かか》げるとするならば、それは市民社会（民主主義）の原則をないがしろにするものなのです。

もちろん、わたしたちが互いに「ルールを守れる」ということは、市民社会の大前提です。この相互信頼がなければ、社会は成り立ちません。だから学校も、「ルールを守る」ことの大切さは十分に教える必要がある。

でもそれは、ルールには何が何でも絶対に従わなければならないんだ、などという仕方で教えられるべきものではないのです。ルールは、みんなの「自由」を最大限保障し合うためにあるのだということ、だから守らなければならないのだということ、したがって、その目的が達成されない場合は、みんなの合意によってつくり直されるべきものであるということ。子どもたちは、ルールの本質をこのような仕方で学び取っていく必要があるのです。

乳児から幼児、そして思春期から大人へと成長するにしたがって、わたしたちはルールを一方的に与えられる存在から、ルールを共につくり合う存在へと成長していきます。その成長の過程に、わたしたちは十分に寄り添う必要があるのです。

小学生にもなれば、子どもたちはある程度立派に、ルールを共につくり合う存在に成長します。最近では異年齢で遊ぶ子どもたちが減ってしまいましたが、お兄さんお姉さんが、年下の子たちのために鬼ごっこや野球などの〝小さい子ルール〟を考え出す光景などを思い起こしていただきたいと思います。彼ら彼女らは、みんながもっと自由にゲームを楽しめるように、文字通り新しいルールをつくり合うのです。

そんな「市民」としての立派な資質を備えた子どもたちに、ルールをただ一方的に与え続けるなんて大きな問題です。

実際、「特別の教科　道徳」の学習指導要領には、「約束や決まりを守る」といった項目はありますが、「決まり（ルール）をつくり合う」といった項目はありません。法的拘束《こうそく》力を持たない学習指導要領「解説」には、法や決まりについては、「適正な手続きを経《へ》てこれらを変えることも含め、その在《あ》り方について考えることが必要である」という記述がありますが、法的拘束力を持つ指導要領にはそのような記述がないのです。

　市民教育の観点から言って、そしてまた、あとで述べる公教育の本質から言って、これは重大な問題です。これではルールの本質が子どもたちに理解されるはずがありません。

「考え、議論する道徳」と言うのであれば、本来、そもそもルールとは一体何なのか、どのようなルールであれば従うべきで、どのような時にそれは変えられるのか、変えるべきなのか、新たにつくるべきなのか、といったことを議論する必要があるはずです。いついかなる時もルールに従えなんて、むしろ非道徳的な教育と言うほかありません。

　でも実を言うと、今言ったような、ルールの本質やそれをつくったり変えたりする必要などを「考え、議論する道徳」は、現行の学習指導要領においても十分可能なのです。

　指導要領には、二二の内容項目について、その内容に従うよう教育せよなどとは一言も書いてありません。これらの項目を、ただ「扱う」と書いているだけです。さらに指導要領には、「多様な見方や考え方ができる事柄《ことがら》について、特定の見方や考え方に偏《かたよ》った指導を行うことのないようにすること」と書かれているのです。学習指導要領解説には、「特定の価値観を児童に押し付け」てはならないこと（小学校）、「一方的な道徳的価値の注入や押し付け」はしてはならないこと（中学校）も明記されています。これは別言すれば、先の「星野君の二塁打」を、批判的に「考え、議論する」教材として使っても大いに結構だということです。

先ほどわたしは、「もしも先生が、学習指導要領に定められた内容項目を、子どもたちに教えるべき金科玉条の価値であると考えてしまったならば」、道徳教育は〝茶番〟に堕《だ》してしまうことになるだろうと言いました。「もし先生が、この項目を子どもたちに必ず到達させるべき価値と捉えてしまったならば」、「星野君の二塁打」の扱い方も自ずと決まってしまうだろうと述べました。

でも、「星野君の二塁打」をそのように取り扱う必要はまったくないのです。内容項目は、金科玉条の価値でも、子どもたちに必ず獲得させなければならない価値でもありません。この点を、ぜひ先生方には誤解のないようお願いしたいと思います。

「ルールをつくり合う」授業

わたしのゼミの卒業生で、今は小学校に勤めているある先生が、学生時代、教育実習で道徳の授業をやった折《おり》、まさにこの「ルールをつくり合う」という実践をしたことがありました。小学校三年生の授業でした。

「ルールを守る」をテーマにした教科書を読んだあと、彼は、確かにルールを守るのは大事なことで、大前提ではあるのだけれど、その上でこんなことを考えてみるのはどうだろうと問いかけました。「みんなは、どんなルールであれば守ろうと思うだろうか、逆に、どんなルールであれば、あまり守りたくないと思ってしまうだろうか」と。

「考え、議論する道徳」の授業が行われました。

その結果、進んで守ろうと思うのは、自分たちでつくったルールであったり、ちゃんと納得できるものであったりする場合、また、そのルールを守ることで、みんながハッピーになれる場合、逆に、あまり守りたくないと思うのは、理不尽なルールを押しつけられる場合、ということが話し合われました。

大したものだと思います。ルールはみんながハッピーになるためのもの、というルールの本質を、子どもたちは対話を通して導き出したのです。

じゃあ、今ある学校のルールの中で、みんながちょっと理不尽だと思うもの、こんなふうにすれば、もっと進んで守ろうと思うのに、といったものはあるかな、と彼はさらに問いかけました。

子どもたちが挙げたのは、休み時間の使い方でした。そのクラスでは、休み時間の多くが「クラス全員遊び」にあてられていて、あまり自由に遊べなかったのです。だからもっと、一人ひとりのやりたいことができる休み時間の使い方をしたいという意見が出ました。

また、気候などの条件によって、運動場で遊んではいけないという合図として赤い旗が立てられるのですが、中にはほんの小雨の時などにも旗が立てられるので、子どもたちは不満を抱《かか》えていました。

そこで、外遊びの禁止を、一方的に決められるのではなく、交渉の余地をつくってほしいという意見が出ました。

こうして子どもたちは、今ある二つのルールの改善案を導き出したのです。

この時、実習生は次のように念を押しました。もしこの改善案が採用されたら、みんなはそのルールをちゃんと守れるだろうか、と。「はい、もちろん」と子どもたちは答えます。

もっとも、その新たなルールが実際にちゃんと守られるかどうかは分かりません。さらに、子どもたちはいつか、新たなルールの不具合を感じることもあるかもしれません。

でも、それはまたその時に「考え、議論」し、問題解決に当たればいいことです。大切なのは、ルールは責任を持って守るもの、しかし同時に、それはみんながより自由になるために、自分たち自身でつくり直すことができるものなのだという感度を、子どもたちが育んでいくことなのです。


ところがこの授業が、その後管理職から激しく叱責されることになりました。学習指導要領にある内容項目は「きまりを守る」であって、「きまりを変える」ではないのだと。道徳の授業は学活（学級活動）ではないのだ、あなたの授業は学習指導要領違反であると。

でも、さっきも言いましたように、彼の授業は学習指導要領違反などではありません。小学校三、四年生の学習指導要領にある、この授業における内容項目は、正確には「約束や社会のきまりの意義を理解し、それらを守ること」です。この授業において、子どもたちは、ルールはみんながハッピーになるためのもの、自由になるためのものであるという意義を理解し、そしてそうであるかぎりにおいて、責任を持って必ず守ろうと約束したのです（学活と道徳科との関係については、またあとで述べることにします）。

もっとも、短期間しか授業を担当しない教育実習生が、今あるクラスや学校のルールを変えようなどという授業をするためには、担任の先生や校長先生と、前もってもっと対話しておかなければならなかったとわたしは思います。そうでなければ、それは非常に無責任な授業と言うほかないでしょう。クラスの子どもたちを、ある意味では煽《あお》るだけ煽って、学校を去っていくことになるのですから。この点は、実習生に大きな落ち度があったと思います。

でも、「ルールをつくり合う」ということに関しては、改めて、今の道徳の授業でやっていけないことでは決してないのです。むしろ積極的にやっていくべきだとさえ言えます。

そのような道徳授業のあり方については、第４章でより具体的に提案していくことにしたいと思います。

第2章　道徳とは何か？

宗教戦争の果てに

道徳とは何か？　というテーマに話を戻して、「絶対に正しい道徳なんてない」ということについて、もう少し考えてみたいと思います。

「絶対に正しい道徳なんてない」

それはほんとうでしょうか？

いやいや、やっぱり、時代や文化を超えた普遍的な道徳ってあるんじゃないの？

そう疑問に思った人も、きっといるのではないかと思います。

偉大な哲学者の中にも、そのように考えた人は少なからずいます。

中でも最も有名なのが、一八世紀ドイツの哲学者、イマヌエル・カント（一七二四～一八〇四）です。

カントは近代哲学の最高峰の一人です。哲学の最大のテーマは「真」「善」「美」とは何か、ですが、カントはそのすべてのテーマにおいて、一人時代の頂点に立ちました。

もっとも、どんなにすぐれた哲学者も、時代を追うごとに後続の哲学者たちに乗り越えられていくものです。哲学は、答えのない問題をただぐるぐる考えているだけのもの、なんて思われることがありますが、それは大きな誤解です。哲学者たちは、その時代時代の最難問を力強く解き明かし、また次の時代へとバトンをつないできたのです。

カントの道徳哲学は、まさに一八世紀当時の最大の問題を解き明かすために考え抜かれたものでした。

何百年もの間、ヨーロッパは長い宗教戦争に明け暮れていました。キリスト教とイスラーム、さらには、同じキリスト教同士が、カトリックとプロテスタントに分かれて凄惨《せいさん》に殺し合いました。

この命の奪い合いに、どうすれば終止符を打つことができるのだろう。哲学者たちはそのことを真剣に考えました。

当時のヨーロッパ人の道徳の源《みなもと》は、言うまでもなくキリスト教です。正しい生き方は、すべて聖書の中にあるとされていました。

でもカントは考えました。聖書に書かれたことをただ鵜呑《うの》みにするのではなく、もう一度、自分たちの頭で、理性で、何がよいことなのかを考え直してみようじゃないか、と。これまで、ヨーロッパ人はずっと聖書に従って生きようと努めてきた。でもその結果、人びとはますます殺し合うばかりじゃないか、と。

カントの道徳哲学の意義は、こうして、それまでのキリスト教の権威から解き放たれて、人間の理性の力で「よい生き方」を考えようとした点にあります。当時のヨーロッパ人にとって、これは革命的なことでした。と同時に、彼の哲学は、いつ果てるとも知れない宗教戦争の、ある意味では当然の帰結でもあったのです。

カントの「定言命法《ていげんめいほう》」

カントの道徳哲学のポイントはこんな感じです。

人間は、自《みずか》らの理性の力によって、絶対に正しい道徳法則を見出すことができる。その道徳法則に、自らの意志によって従うこと。それが道徳的な生き方である。

カントは、絶対に正しい道徳法則があると主張したのです。これを「定言命法」と呼びます。いついかなる時も従わなければならない、道徳的な命令のことです。

それは一体、どんな法則・命令なのでしょう?

カントの答えはこうです。

「君の意志の格律《かくりつ》が、いつでも同時に普遍的立法の原理として妥当《だとう》するように行為せよ。」（『実践理性批判』）

初めて聞く人にはちんぷんかんぷんだと思いますので、以下に少し解説しましょう。

ここでカントが言う「格律」（マキシム）というのは、わたしたちが自分自身に課しているルールのことです。朝ごはんは必ず食べるとか、困っている人には必ず手をさしのべるとかいったことなどです。

カントは、この自分の「格律」が、ほかのすべての人もまた守らなければならない法則と言えるかどうかを吟味《ぎんみ》せよと言います。人は誰もが朝ごはんを食べるべきと言えるだろうか？　誰もが困っている人に手をさしのべるべきと言えるだろうか？　……そんなふうに吟味して、もしそれがみんなにとって当てはまる普遍的な法則と言えるならば、自らの意志をもってその法則に必ず従えとカントは言うのです。

この場合、朝ごはんを食べるべしというのは、普遍的な道徳法則とは言えないかもしれません。でも、困っている人には手をさしのべるという格律はどうでしょう？

カントは、困っている人を助けないのは定言命法に反することだと主張します。誰もが人を助けない世の中など、あっていいはずがないからと。

ほかにもカントは、自殺は絶対にしてはならないとか、返すつもりがないのに借金をしてはならないとか、才能があるのにそれを発揮しないのはいけないとか主張します。それらは全部、「定言命法」に反するとカントは言うのです（『道徳形而上学原論』）。

みなさんはどう思われたでしょう？　カントの主張は、ほんとうに絶対に正しい道徳法則と言えるでしょうか？

ちょっと無理があるんじゃないか。そう思いはしないでしょうか？

確かに、自分の「格律」が、ほかの人も従うべきものであるかどうかを吟味せよ、という「定言命法」自体は、何となく〝言えてる〟感じがします。でもそれを具体化しようとすると、途端《とたん》にあやしくなる。自殺は絶対ダメとか、才能を無駄にするのは絶対ダメとか、わたしたちはほんとうに、これらを絶対の道徳法則と言えるでしょうか。

ヘーゲルのカント批判

そんなカントの道徳哲学を厳しく批判したのが、次の時代の哲学者ヘーゲル（一七七〇〜一八三一）でした。

ヘーゲルは言います。カントの道徳哲学など、義務のための義務を説《と》く、非現実的なお説教にすぎないと（『法の哲学』）。

実際、カントの道徳哲学にはいくつかの問題があります。

一つは、やっぱり絶対に正しい道徳法則なんてこの世には存在しないということ。百歩譲《ゆず》って、先の「定言命法」には妥当性があったとしましょう。でもそれを具体化しようとすると、さっきも言ったように、その中身は絶対に正しいものとはどうしても言えなくなってしまうのです。そのためヘーゲルは、カントの道徳哲学を「空虚な形式主義」と批判します。

もう一つの問題は、カントが、人間は絶対に正しい道徳法則に自らの意志をもって必ず従わなければならないと言ったこと。

今ウソをつかなかったら、窮地《きゅうち》に陥《おちい》ることになる。そんな時も、ウソをついてはならない。目の前の困っている人を助けたら、自分が困窮することになる。それでも、困っている人を助けなければならない。そうカントは言うのです。欲望を抑え、自らの意志によって道徳的であれ、と（ごくわずかの例外も、一応認めはするのですが）。

とんでもなく立派なことです。でも、そんなことができる人がこの世に一体どれだけいるでしょう。

そのためヘーゲルは、カントの道徳哲学を、人びとに道徳的であることをただ要請、奨励《しょうれい》、希望するだけのものであって、なんら現実性を持たない思想だと言います。彼がカントの道徳哲学を「空虚な形式主義」とか「お説教」とか言ったのは、そういう理由です。

ヘーゲルに言わせれば、哲学が本来目指すべきはそんな「お説教」や「要請」をすることではなく、どのような条件を整えれば人は普遍的な「よい」――あとで見るように、ヘーゲルはこの普遍的な「よい」を「相互承認」と呼びます――を目がけようとするのかという、その現実的な道筋を解明することです。

「要請の思想」「命令の思想」は、実はきわめて脆弱《ぜいじゃく》な思想なのです。

わたしはこれを、「命令の思想」ではなく「条件解明型の思考」を、と言い表しています（『はじめての哲学的思考』ちくまプリマー新書、参照）。人は、どれだけ要請、命令されても、そう簡単には従えないものです。だから大事なのは、どのような条件を整えれば人は「よい」を目がけるのか、そのことをとことん明らかにすることなのです。

「命令の思想」ではなく、「条件解明型の思考」。これは折に触れて何度か立ち戻る重要な哲学的思考ですので、ここで少し頭の片隅《かたすみ》にとめておいていただけるとうれしく思います。

カント道徳哲学の三つ目の、そしてきわめつけの問題は、彼が最後の最後に「神」を持ち出すことです。

自分の欲望を抑えて道徳的であれ、とカントは言いました。でもそうすると、わたしたちはかえって幸福を逃してしまうのではないか？　ウソをつかなかったために、大損をする。人を助けたばっかりに、自分が痛い目にあう。道徳的に生きようとしたばっかりに、わたしたちは幸せを失ってしまうことがあるのです。

これを「福徳不一致のアポリア（難問）」と言います。道徳的であることが、必ずしも幸福につながるわけではないという問題です。

そこでカントは、苦しまぎれにこう考えました。道徳的に生きることが幸福につながるよう、神様が存在しなければならないのだ、と。「神の存在要請」と言います。

ヘーゲルはこのカントの考えにあきれ返ります。何というご都合主義か、と。言うに事欠いて、最後の最後に神を持ち出すとは。

神や聖書に頼ることなく、人間の理性で「よい」とは何かを考えようと言ったカントでしたが、最後には結局神に頼ることになったのです。

神がこの世の矛盾《むじゅん》をすべて解決してくれる、という思想は、ヨーロッパの多くの哲学者たちの常套《じょうとう》手段でした。ヘーゲルはこれを、「神が下水溝にされている」と言って厳しく批判しました（『哲学史講義』）。最後は結局神頼みなんて、哲学の意味がないじゃないか、と。

カントの道徳哲学には、確かにいかんともしがたい魅力があります。人間は、理性によって絶対に正しい道徳法則を見出せる。そしてそれに、自らの欲望を抑え、意志をもって従うことができる。何と崇高《すうこう》な思想でしょうか。白状すると、わたし自身、カントの思想には強烈な魅力を感じています。

でも残念ながら、わたしたちはヘーゲルの批判に軍配を上げざるをえないように思います。カントの崇高な哲学は、現実の前にもろくも崩れ去る、非現実的な理想論と言わざるをえないのです。

ニーチェの道徳論

さっきも言ったように、哲学は、次の時代、また次の時代へと思考のリレーを続けることで、それまでの哲学を力強く乗り越えていくものです。

カントの道徳哲学は、ヘーゲルによって乗り越えられました。そしてその哲学は、わたしの考えでは今なお道徳哲学の最高峰と言っていいものです。現代の倫理学は、今なおヘーゲルの思考の枠内にすっぽり収まっているとさえわたしは考えています。現代倫理学の専門家には異論もあるかもしれませんが、この点については、これからテーブルの上に置いていく議論を、ぜひ吟味いただければと思っています（と言っても、本書は哲学書ではありませんので、あまりに専門的な議論には立ち入りません。ご安心ください）。

そのヘーゲルの道徳哲学についてお話しする前に、ここでちょっと寄り道をして、ヘーゲルよりもさらにあとの時代の哲学者、ニーチェ（一八四四〜一九〇〇）の道徳論をご紹介したいと思います。絶対に正しい道徳などないということを、ある意味最も破壊的な力をもって訴えたのがニーチェだったのです。

『道徳の系譜』という本の中で、ニーチェはこんなことを言っています。

今日わたしたちは、「よい」とは利他的なことであり、「悪い」とは利己的なことであると思い込んでいる。でもこれは、実はひっくり返った考えなのだ、と。

ニーチェによれば、太古の昔において、「よい」とは貴族的な強い人間が、自分のしたいことを何でもできることを意味していました。それに対して「悪い」は、弱者が情《なさ》けなくも自分のしたいことをなしえないことを意味していた――。

考えてみれば当然だろう、とニーチェは言います。わたしたちにとって、「よい」とは確かに、自分が思うままに生きられることであるに違いないのです。

でも今日、この価値観はひっくり返っている。我欲のままに生きる人間は「悪」とされ、利他的な人が「よい」とされている。

なぜか？

その犯人はキリスト教である、とニーチェは言います。キリスト教が、強者こそが「悪」であり、弱者こそが「善」である、とか、「貧しいものは幸いである」とかいった転倒した価値観を生み出したのだ、と。

キリスト教は、そもそも虐《しいた》げられた人びとの宗教でした。だからキリスト教徒たちは、その恵まれない境遇の反動から、「よい」のは弱者であり、「悪い」のは強者であるという理屈を仕立て上げたのだとニーチェは言います。野蛮で利己的な「強者」は悪い、その反対に、か弱い「弱者」はよい、と。

それはルサンチマン（妬《ねた》み、そねみ）によって生み出された価値観である。ニーチェはそう言います。ほんとうは、自分も思うがままに生きられる強者でありたかった。でもそれが叶《かな》わないから、そんな自分を慰《なぐさ》め正当化するために、利己的な強者こそが悪であるという、ひっくり返った価値観をつくり出したのだ、と。

ニーチェのキリスト教批判には、ちょっとやりすぎではないかと思う面もないわけではありません。でも、大昔の道徳と今日の道徳が大きく異なったものであったということは、確かに認めるほかありません。

アメリカの心理学者スティーブン・ピンカーの『暴力の人類史』（青土社）などを読むと、何千年もの間、人類がどれだけ残虐《ざんぎゃく》であったかが嫌になるほど理解できます。たとえば、つい最近まで、村を襲った略奪者はその集落を村ごと焼き払い、赤ん坊を串刺しにし、女性を残虐にレイプし、人びとの頭をナイフでかち割り、そしてそのことを、誰もが当たり前のこと、あるいは仕方のないことだと考えていたのです（現代でも、十分な統治がない地域では似たようなことが起こります）。

つまり、「残虐であってはならない」という道徳は、近代以前にはまったく一般的でない価値観だったのです。ニーチェが言うように、「強い」は「よい」、「弱い」は「悪い」だった時代は、想像以上に長く続いてきました。

「人権」という概念が発明されたのも、ごく最近のことです。近代より前の時代の一般庶民は、世界中のどこを見回してもそんな考えなど知りませんでした。

「人権」の概念を考え出したのは、近代ヨーロッパの哲学者たちです。この一事だけでも、哲学が答えのない問題をただぐるぐる考えているだけのものではないということが分かっていただけると思います。哲学者たちは、人類の悲惨な命の奪い合いの歴史の果てに、「人権」の尊重という新しい考えを発明したのです。現代のわたしたちは、「人権」は誰もが生まれながらに持っている当然の権利であると考えていますが、もとをたどれば、それは自然なものでも当然なものでもなく、哲学者たちがまさに〝ルール〟として考え出し、そして多くの人びとによって戦い取られてきたものなのです（人権の哲学については、金泰明『人権は二つの顔をもつ』トランスビュー、を強くオススメします）。

その背景には、もちろん、神の前の平等を説くキリスト教がありました。その意味でも、ニーチェのキリスト教批判はやはり少し言いすぎな気がします。

モラルとは〝習俗の価値〟である

以上のように、時代や文化を超えた、絶対に普遍的な道徳などというものはありません。道徳というのは、結局のところ、ある時代、ある共同体――国、地域、学校など――に限定された〝習俗の価値〟にすぎないのです。

大事なことなので繰り返します。道徳とは、絶対に正しい価値観ではなく、ある限定された〝習俗の価値〟である――。

近年では、進化論の見地から、人間は進化の過程を通して道徳性を身につけてきたのではないかという議論も盛んになされています。でも、その進化倫理学の領域においても、何をもって道徳とするかは文化によってあまりにも異なるということが、一つの謎として問われています。もし道徳が進化の過程で獲得されたものであるとするなら、人類は普遍的に同じ道徳性を身につけているはずなのに、と。

でも現実には、たとえばいくつかのアラブ文化では、婚外交渉をした女性を殺すことが、道徳的に認められているばかりか、むしろ道徳的な義務とされているのです。道徳的な思考や感性が、進化の過程で得られた生得的なものであるか否《いな》かについて、科学的にはまったく決着がついていないのが実情のようです（スコット・ジェイムズ『進化倫理学入門』参照）。

とすれば、そんな限定的な〝習俗の価値〟を、学校教育で教えることに妥当性はあるのでしょうか？

近代より前の時代のムラ社会にとって、〝習俗の価値〟はとても大事なものでした。小さな共同体がまとまるためには、強力な共通の価値観が必要だったからです。

でも、きわめて多様な人びとからなる近代社会は、もはや〝習俗の価値〟によってまとめ上げられるような単純な社会ではありません。子どもたちの家庭環境や文化的背景はさまざまです。外国籍の子どもたちもたくさんいます。

にもかかわらず、もし特定の〝習俗の価値〟を押しつけたらどうなるでしょう？　おそらく、異なる価値観との対立がいたるところで起こることになるでしょう。

たとえば、学習指導要領には「望ましい生活習慣を身につける」とありますが、でも何が望ましい生活習慣であるかは、それぞれの家庭の文化や宗教的背景によってさまざまです。「世界の中の日本人としての自覚を持つ」ともあります。外国籍の子どもたちは、これをどう考えればよいのでしょうか。

それでもなお、わたしたちは、すべての子どもたちに特定の〝習俗の価値〟を教えるべきだと言えるでしょうか?

その時、道徳教育は、すればするほど異なる価値との争いを生み出すという、大きな矛盾を抱えることになるでしょう。

現代まで続く「徳の騎士」たちの戦い

では、どうすればいいか。

実は哲学は、二五〇〇年にわたる長い思考のリレーを通して、この問題を解決する考え方を見出しています。

近代になって、哲学者たちはついに次のことに気づくことになったのです。

キリスト教の道徳、イスラームの道徳、あるいはカトリックの道徳、プロテスタントの道徳……何が絶対に正しい道徳かをめぐって争い合うのは、もうやめにしよう。そんなもの、あるわけがないのだから。

代わりにわたしたちが考えるべきこと。それは、どんな道徳（モラル）の持ち主も、できるだけ自由に、そして平和に共存できるための「市民社会のルール」をつくり合うことである！「モラル」を統一するのではなく、「ルール」をつくり合うこと。ここに、近代における道徳哲学の大きなパラダイムの転換があったのです。

この考えの立役者こそ、先に触れたヘーゲルです。

『精神現象学』という本の中で、ヘーゲルは、あるタイプの「道徳」的な人を「徳の騎士」と名づけて次のように描き出しています。

「徳の騎士」、それはたとえば、「困っている人には絶対に手をさしのべなければならない！」と主張する、徳に燃える騎士のことです。先ほどのカント主義にどこか似ています。

それは確かに、心意気としては立派なことです。彼らは一見、とても立派な「正義」の人です。でも彼らは、実は自らの掲げる「道徳」「正義」によって、かえって人を攻撃してしまうことがあるのです。

「お前はなぜ困っている人に手をさしのべないのか？」

そう言って、「徳の騎士」は他者につめ寄ります。つまり彼らは、「自分の道徳こそが絶対に正しい」と主張する、実はひどく独善的な人たちなのです。

人類の歴史は、そんな「徳の騎士」たちによる戦いの歴史でもありました。宗教戦争から今日のテロリズムにいたるまで、さまざまな争いの背後には、多くの「徳の騎士」がいたのです。


そこでヘーゲルは考えました。何が絶対に正しい道徳であるかをめぐって争い合うのは、もうやめにしよう。それらはどれも〝習俗の価値〟。その中のどれが正しいかを言い争っても、決着などつくはずがない。

だからわたしたちは、どのようなモラルであっても、それが他者の「自由」を侵害しないかぎり、まずは認め合うことを根本ルールにしようじゃないか。そしてその上で、誰もが自由に平和に暮らせるための諸ルールを、互いにつくり合おうじゃないか。そうヘーゲルは訴えたのです。

この考えこそが、今日の市民社会の一番の底を支える土台です。わたしたちが暮らす社会は、多様な「モラル」の持ち主たちが、その違いを超えて共存することを目指す「ルール」社会なのです。そしてこれは、長い戦争の歴史の果てに、人類がわずか二百数十年前に見つけ出した知恵なのです。

自由の相互承認

これをヘーゲルは「自由の相互承認」と言いました(1)。

誰もが、自由な生き方や自由な価値観・モラルの追求を求めています（そこまで強くは求めていなかったとしても、一生奴隷《どれい》のままとか、好きなことを一切することが許されない人生とかは嫌でしょう）。でも、それを素朴に主張し合えば、争い合うほかなくなってしまいます。

だから、もしそのような争いを望まないのなら、わたしたちは、各人が「自由」に生きたいと願っている存在同士であることを、まずはお互いに認め合うほかありません。そしてその上で、相互承認可能な仕方で調整し合うほかないのです。

「自由」とは難しい言葉ですが、ここではさしあたり、「生きたいように生きられること」と考えておいていただければと思います（詳しくは拙著『「自由」はいかに可能か』ＮＨＫ出版、をご参照いただければ幸いです）。わたしたちは、まさに「生きたいように生きる」ためにこそ、他者もまたそのような欲望を持っているのだということを認め合う必要があるのです。その意味で、「自由」に生きるとは、ワガママ放題に生きることとはまったく違います。

（1）正確には、ヘーゲルの「相互承認」論を受けて、哲学者の竹田青嗣が「自由の相互承認」と言い表しました（竹田青嗣『人間的自由の条件』講談社、二〇〇四年）。

「自由の相互承認」には大きく二つの意味があります。一つは、先ほども言ったように、どのような価値観や感受性の持ち主であっても、まずはお互いが対等に「自由」な存在であることを認め合うということ。そしてその上で、相互承認可能な仕方で調整し合うということです。

これを、市民社会の〝普遍的なルール〟としての「自由の相互承認」の原理、あるいは、社会の根本原理としての「自由の相互承認」の原理と言うことができるでしょう。要するに、わたしたちはこの社会を、「自由の相互承認」の原理に則《のっと》ってつくっていかなければならないということです。

別言すれば、わたしたちは、他者の「自由」を侵害しないかぎり、何をしてもいいし、どんな価値観やモラルを持ってもいいということです。もちろん、何をもって他者の「自由」を侵害している、あるいはしていないと言えるかは、たえず吟味されなければなりません。しかしいずれにせよ、今日のわたしたちには、このような思想・信条や生き方の「自由」がルールとして保障されているのです。

「自由の相互承認」のもう一つの意味は、この市民社会においてわたしたちが目がけるべき、いわば〝精神〟のことです。価値観、感受性、あるいはわたしがよく使う言葉で〝感度〟と言ってもいいでしょう。

それはつまり、わたしたちが、自分の価値観や感受性は、「徳の騎士」よろしく独りよがりにその正当性を主張することはできず、他者からの承認が得られて初めて正当と言えることを、十分に自覚しているということです。

もちろん、すべての他者からの絶対的な承認などありえないでしょう。ここに、絶対に正しい道徳を夢見たカント主義の限界があります。でもだからこそ、わたしたちは、自分の価値観や考えの正当性をたえず相互承認に向かって投げかけていく必要があるのです。そうでなければ、「徳の騎士」同士の争いはいつまでたっても終わることがありません。「徳の騎士」になることなく、たえず相互承認を目がけようとする〝精神〟（価値観、感受性、感度）。これが「自由の相互承認」のもう一つの意味です。

言うまでもなく、このことは、わたしたちはお互いの何もかもを認め合わなければならないということでも、一切の議論や相互批判をしてはならないということでもありません。わたしたちが必ず認め合わなければならないのは、わたしたちは、誰もが対等に「自由」な（「自由」を目がける）存在同士であるというルールです。このルールの上で、わたしたちは、それぞれの考えや行動が相互承認可能であるかどうか、互いに問い合う必要があるのです。

その意味で、「自由の相互承認」は、いわゆる道徳の「黄金律」と呼ばれるものとは少し次元を異にするものです。

「黄金律」とは、たとえば聖書にある「人にしてもらいたいことは何でも、あなたがたも人にしなさい」とか、『論語』などにおける「人にされたくないことは人にもするな」とかいった道徳的命題のことです。

「自由の相互承認」と、似ていると言えば似ています。でも次の二つの点において、両者はやはりはっきりと区別されるべきものです。

一つは、「人にしてもらいたいこと」や「人にされたくないこと」は、あくまでもその人自身の個人的な欲望にとどまっているという点です。そのため、それは時に〝親切の押し売り〟になりうるし、下手をすれば「徳の騎士」になってしまうこともあるかもしれません。「人にしてもらいたいこと」や「人にされたくないこと」は、必ずしもみんな同じであるわけではないのです。だからこそ、「自由の相互承認」の〝精神〟の持ち主は、その「人にしてもらいたいこと」や「人にされたくないこと」が他者にとってもそうでありうるか、「相互承認」へと投げかけ続けることを目指すのです。

もう一つは、「自由の相互承認」の原理は、単に「互いに認め合いなさい」と個人道徳を説くだけのものではなく、先述した通り、市民社会の〝普遍的なルール〟であるところにその一つの本質があるという点です。人それぞれの価値観や感受性が何であれ、まずはお互いの存在を認め合うこと。「自由の相互承認」は、そのことを「黄金律」のような個人道徳としてだけでなく、この社会の根本ルールとして定めるものなのです。

「自由の相互承認」をやさしい言葉で伝えるには

さて、でもわたしたちは、右に述べたことをどうやって子どもたちに伝えることができるでしょうか？

小学校低学年くらいの子どもたちは、「自由の相互承認」なんて言ってもピンと来るのは難しいだろうと思います。だからわたしたちは、この言葉をもっと噛《か》み砕《くだ》いて説明できるようになる必要があります。

そこで、わたしなりに改めて次のように言っておきたいと思います。子どもたちに語る時の、一つの参考にしていただければと思います。

――社会にはほんとうに色んな人がいる。お金持ちもいれば、貧しい人もいる。幸せな家庭で育った人もいれば、そうじゃない人もいる。会社に勤めている人もいれば、職人さんもいれば、学校の先生をしている人もいる。病気などで働けない人もいる。障害のある人もいる。日本人もいれば外国人もいる。仏教を信じている人もいれば、キリスト教を信じている人もいる。宗教を信じていない人もいる。

だから、みんなそれぞれ違った考えを持っている。そしてそのために、お互いにケンカになってしまうことがある。「あの国の人間は愚《おろ》か者だ！」と言ったり、「あの宗教を信じている人間なんて地獄に落ちろ！」とののしり合ったり、「この世で価値のある人間は、バリバリ働いて金儲《もう》けできる人間だけだ！」と言う人がいるかと思えば、「お金儲けを第一に考えるなんていやしい人間だ！」と言う人がいたり。

下手をすると、そのケンカは暴力や殺し合いにまで発展してしまうかもしれない。実際、人類はそうやって戦争を続けてきた。お互いの国をののしり合ったり、相手の宗教を否定したりして。じゃあ、そんな色んな考えを持った人たちが、共に生きていくためにはどうすればいいんだろう？

それは、お互いがお互いに、ののしり合うのではなくてまずは認め合うこと。障害があろうがなかろうが、宗教が違おうが、お金持ちだろうがそうじゃなかろうが、まずは同じ人間として認め合うこと。そしてそれを、社会のルールにすること。

まずはお互いを認め合う。それが、市民道徳と言われるものの一番大事なポイントなのだ。そしてその上で、調整し合う。まずは認め合うけど、共に生きていく中ではどうしても認められないことだってある。だからそのことについては、暴力に頼ることなく、お互いに調整し合うのだ。

――こうして見ると、「自由の相互承認」というのは改めて本当にシンプルな考えだと思います。そしてまた、どこまでも深く落ちた、原理的な考えであると。

言われてみれば、ごく当たり前のことです。でもこんな当たり前のことが、これまで学校教育ではしっかりと自覚されてこなかったのです。道徳科においても、二二もの内容項目が設けられながらも、それらはただ羅列されているだけで、一体何が（市民）道徳の本質であるか十分に解き明かされてはこなかったのです。

教育によって育まれた「自由の相互承認」の感度

さて、以上のことが理解できれば、わたしたちは続いて次のように問うことができるようになります。

「自由の相互承認」を原理とした社会を、わたしたちはどうすればつくっていくことができるだろうか。そして、わたしたち一人ひとりの「自由の相互承認」の感度は、どうすれば育むことができるだろうか、と。

これが、先に述べた「条件解明型の思考」です。カントの道徳哲学は、「誰もが定言命法に従うべし」と要請、奨励するものでした。それに対してヘーゲルは、「自由の相互承認」を実質化するための条件を解明するという道筋を示したのです。

端的に言うと、それはまず「自由の相互承認」に基づく「法」をつくること、そしてその「自由の相互承認」の感度を、とりわけ公教育を通して育み浸透させていくことです。

実はこの課題、人類はこれまで、わたしたちが思っている以上にうまく実現してきたのです。先ほども紹介したスティーブン・ピンカーの『暴力の人類史』では、この数世紀の間に、人類の暴力が極端に減少したことが論証されています。わたしたちは、二〇世紀における二度の世界大戦と、二一世紀におけるテロの時代を目撃しているために、現代はかつてないほど暴力に満ちた時代だと思ってしまいがちです。でも実は、暴力に巻き込まれたりそのために命を落としたりする人は、時代を追うにつれ圧倒的に減少しているというのです。

その最大の理由こそ、ピンカーの論をヘーゲルの言葉を借りて別言するなら、人びとが「自由の相互承認」の原理を徐々に共有していったからです。

かつて人類は、奴隷制も、身分制も、野蛮な刑も、ごくごく当たり前のことだと考えていました。古代ローマでは、捕虜や奴隷にされた人びとが見世物として互いに殺し合いました。中世の人びともまた、見るも無残な死刑を一つの娯楽にしていました。実際にはそれほど横行していたわけではなかったようですが、江戸時代には武士に狼藉《ろうぜき》を働いた農民や町民に対する「斬り捨て御免《ごめん》」もありました。そしてつい最近まで、人種差別はごく当たり前のことでした。

それが今では、世界中の多くの人が、人種や生まれに関係なく、わたしたちはみな対等な人間同士であると、少なくとも建前の上では考えています。いや、建前だけでなく、わたしたちにはもはやその感受性が刻み込まれていると言っていい。わたしたちのほとんどは、今、剣闘士同士の殺し合いなんか見たくないし、奴隷制を野蛮なものだと考えているし、斬り捨て御免なんてもってのほかだと感じています。

今日、その感受性はさらにいっそう深まっています。たとえば、人種的マイノリティの権利も、子どもの権利も、同性愛者の権利も、かつてに比べれば圧倒的に認められるようになりました。すべての人は対等に「自由」な存在である。この「自由の相互承認」の感度を、その言葉は知らなかったとしても、わたしたちは自らのうちに確実に刻み込んできたのです。

それは一体、なぜなのでしょう？

それこそまさに、近代の哲学者たちが「自由の相互承認」の原理を打ち出し、そしてそれに基づいた社会を少しずつ実現してきたからです。

宗教対立の激しい中、フランスの思想家ヴォルテール（一六九四～一七七八）は、それまであまり誰も考えたことのなかった「寛容」の思想を説きました。絶対王政の最中に、ルソーは、フランス革命の発端となる、そして現代の民主主義の源流となる人民主権の思想を打ち出しました。

先に見たカントも、それまでとはまったく異なった、権威に従うのではなく自らの理性に従うという新しい道徳哲学を打ち立てました。そしてヘーゲルは、「自由の相互承認」という新たな社会原理を打ち立てました。

彼らが成し遂げたのは、いわば精神の大革命だったのです。暴力と不平等を、何万年にもわたって当たり前のものと考えていた人類を、彼らの哲学は二世紀あまりにわたって大きく変えてきたのです。

そしてこの新たな精神の芽生《めば》えは、一度目覚めてしまったらもう逆戻りすることはありません。「自由の相互承認」の原理を知ってしまったわたしたちは、奴隷制や人種差別や身分制や大量虐殺や拷問《ごうもん》や残酷な見せしめの刑などが当たり前の時代に、もはや戻りたいとは思わないはずです。

そしてもちろん、教育の力を忘れてはなりません。わたしたちが今、すべての人は人種や生まれに関係なく、対等に「自由」な存在であるという感度を曲がりなりにも持っているのは、明らかに学校教育のおかげなのです。

時折、「自由の相互承認」など、絶対的な実現は不可能だから意味のない原理だ、とか、単なる理想論だとか言われます。でもこれは大きな誤解です。

「絶対的な実現」など、それは当然不可能でしょう。そして実際、「自由の相互承認」の原理は、その「絶対的な実現」などというありもしないユートピアを目指すものではないのです。わたしたちの社会が、どのような方向に向かって進むべきなのかの〝指針〟。それが「自由の相互承認」の社会原理です。そして現代社会は、これまでこの〝指針〟に沿って、確かにこれを一歩ずつ実現してきたのです。

学校教育を、「自由の相互承認」の土台として構想したのもまた近代の哲学者たちです。そしてわたしたちは、確かにこれまで、教育を通してその感度を育んできたのです。

とするなら、わたしたちは、この原理をよりいっそう深められるような教育を、現代においてさらにどう構想することができるかと問わねばなりません。

本書のテーマは、この問いを道徳教育――市民教育――の観点から探究するものにほかなりません。(2)

道徳と倫理の違い

さて、以上のような「自由の相互承認」は、先述したように〝習俗の価値〟を超えた市民社会

(2) 拙著『教育の力』(講談社、二〇一四年)および『「学校」をつくり直す』(河出書房新社、二〇一九年)では、この問いについて、学びのあり方から学校空間、行政、教員養成のあり方にいたるまで、より広範な視野から論じています。ご参照いただければ幸いです。

の〝普遍的なルール〟であり、またこれを目指す〝精神〟（価値観、感受性、感度）です。もし、わたしたちが自由に平和に生きたいと願うのならば、そしてそのことをみんなが認めるならば、そのかぎりにおいて、わたしたちは、まずはお互いが「自由」な存在同士であることを承認し合うことを根本ルールと定め、そしてその上で、共存のための諸ルールをつくり合うほかないのです。

この市民社会の普遍的なルール、およびこれを目指す精神を、ヘーゲルは「倫理」とも呼びました。近代においてわたしたちが共有すべきは、〝習俗の価値〟としての「道徳」ではなく、市民社会の〝普遍的なルール〟としての「倫理」なのです。

ここに、近代社会の、そして道徳哲学の大きなパラダイム転換があります。

ある意味では、近代以前には「道徳」はあっても「倫理」はありませんでした。カトリックの道徳、プロテスタントの道徳、イスラームの道徳、儒教の道徳、家父長制の道徳、ムラの道徳……そのような習俗の道徳はありましたが、「自由の相互承認」という「倫理」はなかったのです。そして繰り返しますが、この「倫理」こそ、異なるモラル同士の争いをおさめ、わたしたちが自由で平和に共存するために人類がたどり着いた知恵なのです。

ただ、日本語で「倫理」と言ってもあまりピンとは来ないかもしれませんので、あえて道徳という言葉を使うとするなら、これを「市民道徳」と言ってもいいかもしれません。わたし自身は、「道徳」（習俗の価値）と「倫理」（市民社会の〝普遍的なルール〟とそれを目がける〝精神〟）という言葉を峻別《しゅんべつ》して用いたいのですが、「倫理」という言葉が一般になかなかなじみのないものであることを考えれば、「市民道徳」という言葉を使うのも悪くないと思っています。

とすれば、学校教育は、〝習俗の価値〟としての道徳ではなく、「市民道徳」の教育をするべきである、と言うことができるでしょう。それはつまり、どのようなモラルや価値観であっても、それが他者の「自由」を侵害しないかぎり認め合うという、「自由の相互承認」の感度を育む教育です。

これこそ、先に論じた「市民教育」の本質です。わたし自身は、公教育がやるべきは道徳教育ではなく市民教育であると訴え続けたいと思っていますが、百歩譲って道徳教育という言葉を使うとするなら、それはどこまでも「市民道徳」の教育でなければならないのです。

学習指導要領における二二の内容項目のうち、「習俗の価値」としての道徳は非常に多くを占めています。たとえば、「節度、節制」、「家族愛、家庭生活の充実」、「よりよい学校生活、集団生活の充実」などのテーマがそうでしょう。道徳的とされる「節度」、「家族愛」のあり方、そして「集団生活」のあり方は、習俗によって異なるからです。

その一方で、「公正、公平、社会正義」などは、「市民道徳」と言っていいものかもしれません。つまり今の学習指導要領は、〝習俗の価値〟としての道徳と「市民道徳」とが、かなりごっちゃになってしまっているのです。

さらに言うと、モラルやルールといくらか似た言葉でもある〝マナー〟もまた、混同されてしまっているように思います。モラルとルールとマナー。これら三つの関係性を、わたしはまたあとで整理したいと思います。

とまれ、学校教育においてやるべきは、道徳教育ではなく市民教育である、と言ったのは、以上のような理由です。学校が子どもたちに育むべきは、〝習俗の価値〟としてのモラルではなく、市民社会の〝普遍的なルール〟（＝倫理＝市民道徳）としての、「自由の相互承認」の感度なのです。

「市民性」をどう育むか？

以上から、市民教育とは端的に「自由の相互承認」の感度を育むことだと言えます。

ところがこの「市民教育」――シチズンシップ教育――という言葉には、これまでさまざまな意味合いが込められてきました。そしてそのために、これまでシチズンシップ教育は、いくらか混乱してきた感もないわけではありません（この点については、ガート・ビースタ『民主主義を学習する』等もご参照下さい）。

たとえば、このシチズンシップ（市民性）という言葉には、社会への「帰属意識」や「共同体意識」という意味も込められることがあります。

その背後には、共同体主義（コミュニタリアニズム）や共和主義（リパブリカニズム）と呼ばれる思想があります。これらの思想においては、わたしたちは、所属する共同体の何らかの「共通価値」「共通善」を共有する必要があるとされています。

うんと極端に言うと、家父長制的な価値観がその共同体の共通価値であったなら、教育はその共通価値を育む必要がある、結婚は男女間でのみなされるべきである、という価値観が共通価値であったなら、教育はその共通価値を育む必要がある、ということになります（そこまで極端なことを言う思想家はさすがにほとんどいませんが、原理的にはそういうことです）。

でもそれは、下手をすると人権の侵害や少数者を排除する思想につながりかねません。このような共同体では、「家族で一番偉《えら》いのはお父さん」とか、「同性結婚は認められない」とかいう価値観を子どもたちに教育するわけですから。

もう一つ、シチズンシップという言葉には「積極的な政治参加」という意味も込められることがあります。社会の一員であるわたしたちは、積極的に政治に参加し、この社会を自らつくっていかなければならないとする考えです。

でもこれも、もしかしたらちょっと言いすぎと言えるかもしれません。社会には、どうしても政治に興味がなかったり、あるいは障害などの理由で積極的な政治参加が困難な人もいるからです。だから、誰もが積極的に政治参加せよ、とするのは、ちょっと過剰な考えと言えるかもしれません（河野《こうの》哲也『道徳を問いなおす』ちくま新書、参照）。

実を言うと、この二つの点の背景には、かつて活発だったリベラリズムとコミュニタリアニズムという二つの政治思想間における「リベラル―コミュニタリアン論争」の歴史があります（ウィル・キムリッカ『新版 現代政治理論』日本経済評論社、スティーヴン・ムルホール&アダム・スウィフト『リベラル・コミュニタリアン論争』勁草書房、等参照）。

リベラリズムは、教育が「共通価値」とか「積極的な政治参加」まで踏み込むのはやりすぎだと考えます。必要なのは、すべての人の自由と平等を中立的に守ることである、と。

それに対してコミュニタリアニズムは、ただ自由、平等と言うだけの政治は絵に描いた餅《もち》にすぎない、もっと積極的に、共通価値を教育したり政治参加をしたりしないと、社会は成り立たないと言いました。

ここでは、（実際にはもっと混み入った）この論争にこれ以上深入りはしません。ただこれについては、「原理」と「実践理論」の区別という考え方を導入すればこの対立は解消できるはずだということだけ言っておきたいと思います[3]。

わたしの考えでは、近代社会の「原理」（一番根本的な考え方）は「自由の相互承認」です。とすれば、次に考えるべきは、ではどうすればこの「原理」をより実質化できるかについての理論、すなわち「実践理論」の提示です。

リベラリズムもコミュニタリアニズムも、長い間、どちらがより「原理」的な思想であるかをめぐって論争を続けていた感があります。でもわたしの考えでは、コミュニタリアニズムが言う「共通価値」の教育などは、「自由の相互承認」という「原理」を実質化するために、時と場合によっては目指せばいい「実践理論」だと考えれば片がつきます。平たく言えば、目的と手段の関係です。目的は「自由の相互承認」。「共通価値」の教育も「政治参加」も、そのための状況に応じた一つの手段にすぎないのです。

たとえば、同性結婚を認めるべきだという価値観が、「自由の相互承認」の原理をより実質化しうると判断、そして相互承認されたなら、そのかぎりにおいて、この価値観を「共通価値」として教育することには正当性があると言えるかもしれません（もちろん、それぞれの「共通価値」

（３）詳細は、拙著『どのような教育が「よい」教育か』（講談社、二〇一一年）や、『「自由」はいかに可能か――社会構想のための哲学』（ＮＨＫ出版、二〇一四年）などを参照いただければと思います。

の正当性は「自由の相互承認」の観点からたえず問い直され続けなければなりません）。若者の政治参加があまりに不足していて、そのために「自由の相互承認」の原理が危うくなりそうだという状況認識が共有されれば、「積極的な政治参加」を求めるシチズンシップ教育にも妥当性があると言えるでしょう。

要するに、シチズンシップ教育（市民教育）には、原理レベルと実践理論レベルがあるのです。端的にシチズンシップ教育（市民教育）の原理はと言えば、それは「自由の相互承認」の感度を育むことです。そしてこれをどうすればより実質化できるかを考えれば、状況に応じた「実践理論」をいくつも案出することができるというわけです。

第Ⅱ部で提案する「哲学対話」「学校・ルールをつくり合う道徳教育」「プロジェクトとしての道徳教育」は、まさにこうした「実践理論」の根幹と言えるかと思います。

モラルとルールとマナー

ちょっとだけ、ややこしい話に入り込んでしまいました。いくらか専門的な話はもうやめにして、ここで先ほど少し触れた〝マナー〟についてもお話ししておきたいと思います。

モラルとルールとマナー。これらは、互いにいくらか重なり合う部分もありますが、ある程度分けて考えるべきものだとわたしは考えています。

わたしがこれまでに言ってきたのは、「習俗的なモラル教育から、市民社会の普遍的なルール教育へ」でした。

では〝マナー〟とは何でしょう？　また〝マナー教育〟は、学校が担うべきものと言えるでしょうか？

さしあたり、〝マナー〟とは慣習的な礼儀やその作法のことと言えるかと思います。その意味で、〝マナー〟もまた習俗に限定されたものです。

でもモラルとは違って、〝マナー〟は、互いに「徳の騎士」となって攻撃し合うようなことには基本的にはなりません。

日本では食事中に箸《はし》から箸へ食べ物を移してはいけませんが、韓国では許されます。でもだからと言って、そのことを日本人が激しく攻撃するなんてことはないでしょう。日本人がラーメンや蕎麦《そば》を音を立てて食べるからと言って、ヨーロッパ人がそれを攻撃することもありません。国や地域が違えばマナーもまた変わる。そのことを、わたしたちはちゃんと承認し合っているのです。

もっとも、外国人旅行者のマナーの問題のように、異なる文化の人びとが接触することで大きな摩擦が生まれる場合もあります。国や地域が違えばマナーもまた変わる、なんて悠長なことは、もはや言っていられなくなる場合もあります。そんな時、わたしたちはそれをマナーの問題ではなく、ルールの問題として捉え直す必要が出てきます。

そこで、マナーとルールとの違いは次のように言えるでしょう。ルールを破れば基本的に罰があるが、マナーに従わなくてもはっきりとした罰はない、と。周囲の人に疎《うと》まれたり嫌われたりすることはあったとしても、マナー違反には定められた罰があるわけではないのです。

さて、この〝マナー〟の教育ですが、わたし自身は、学校がある程度は行うべきものと考えています。

なぜか?

学校は、すべての子どもたちが、「自由の相互承認」の感度を育むことを土台に、「自由」に、つまり「生きたいように生きられる」力を育むことをその根本使命としているからです。

さっきも言ったように、わたしたちは誰もが「自由」に生きたいと願っています。でもわがままな自由を素朴に主張し合うと、互いに争い合うほかなくなってしまいます。「徳の騎士」同士の戦いも絶えません。

だからわたしたちは、互いに互いが「自由」に生きたいと思っているのだということを、まずは認め合わなければなりません。そしてその上で、お互いの「自由」を調整し合う必要があるのです。

この時初めて、わたしたちは「自由」になるための条件を手に入れます。教育はこうして、すべての子どもたちに「自由の相互承認」の感度を育むことを土台に、「自由」に生きるための力を育むことをその根本使命とするのです。

この観点からすれば、マナー教育もまた、一人ひとりがより「自由」に生きられるようになるために必須のものと言えるかと思います。あいさつがあまりにできなかったり、食事の作法があまりにひどかったりと、〝マナー〟を欠いた人は、残念ながらこの社会ではなかなか「自由」に生きられないものだからです。ちなみに、フランス革命期に公教育制度を構想した、「公教育の父」と呼ばれるコンドルセ（一七四三〜一七九四）も、公教育が保障すべきは知識とマナーの教育であると論じました（『公教育の原理』）。

もちろん、〝マナー〟は基本的には家庭で教育されるものです。学校が何もかも面倒を見よと言うのは違います。

でも、この社会には〝マナー教育〟が十分にできない家庭もたくさんあります。親のいない子どもも、非常に悲しいことですが虐待を受けている子どもも少なくありません。だからこそ、学校は、子どもたちを「自由」な存在へと育むことを使命とするかぎり、一定の〝マナー教育〟を保障する必要があるのです。

ただし、それを道徳の授業でことさらにするのは、ちょっと違うようにわたしは思います。さっきも言ったように、今の道徳科の内容は、モラルとルールとマナーが全部ごっちゃになってしまっています。でも道徳科は、それを道徳と言う以上、「市民道徳」を育むことを第一にして、マナーは、むしろ学校生活全体を通して育まれるべきものなのではないかとわたしは思います。

もっとも言うまでもないことですが、「市民道徳」もまた、道徳科だけでなく学校生活全体を通して育まれるべきものです。学習指導要領にも、道徳教育は学校の教育活動全体を通して行うべきものと明記されています。

「自由の相互承認」の感度（市民道徳）を育むことは、道徳科の授業だけでなく、学校教育全体を通して行うべき公教育の最も根幹的な使命なのです。

第Ⅱ部　ほんとうの道徳教育

第Ⅰ部で論じたことを踏まえて、本第Ⅱ部では、これからの実りある道徳教育のためにわたしたちに何ができるか、具体的に提案していきたいと思います。

繰り返し述べてきたように、道徳教育は、今後「市民教育」へと発展的に解消していく必要があるとわたしは考えています。だからと言って、学校から今すぐ道徳科をなくしてしまうことはできません。とするなら、わたしたちは当面、一体どんな意義ある道徳（市民道徳）の教育をすることができるでしょうか。

以下、大きく三つの方法を提案したいと思います。一つ目は「哲学対話」、二つ目は「学校・ルールをつくり合う道徳教育」、そして三つ目は「プロジェクトとしての道徳教育」です。

第3章　哲学対話

“共通了解”を見つける

まず「哲学対話」についてお話ししたいと思います。

「哲学対話」は、長らくアメリカやヨーロッパで盛んに行われているものですが、近年、日本でも多くの学校で実践されるようになりました。良書もたくさん出ていますので、ぜひご参照いただければと思います（マシュー・リップマンほか『子どものための哲学授業』河出書房新社、河野哲也『「こども哲学」で対話力と思考力を育てる』河出ブックス、『じぶんで考えじぶんで話せる こどもを育てる哲学レッスン』河出書房新社、川辺洋平『自信をもてる子が育つこども哲学』ワニブックス、等）。わたしもまた、これら国内外の実践も参考にしながら、哲学対話の方法を提案しています（『はじめての哲学的思考』第3部）。

その方法をご紹介する前に、まずは、今多くの学校で行われている、ごく一般的な道徳科の授業風景を少しご紹介したいと思います。

多くの授業では、教科書に載っているさまざまな読み物資料を子どもたちに読ませ、「考え、議論した」上で各内容項目へと集約していくといったことが行われています。

たとえば、「生き物を大切にする」という徳目があります。子どもたちは、虫を捕まえる少年のお話などを教材にして、命の大切さを学びます。

授業のやり方によっては、綺麗に展開することが可能です。捕まえた虫を殺してしまった時、どんな気持ちになるか、どう思うかなど、みんなで話し合います。

実際に、虫を捕まえたり殺したりしたことがある子はたくさんいるでしょう。でももちろん、そんな子たちが否定されることはありません。ただ、お互いにそれぞれの考えを聞き合い、話し合います。

一通りみんなで色々話し合った末に、先生がまとめます。「生き物を大切にする」という徳目に沿った説話などをして。

展開は綺麗です。でも前にも言ったように、内容項目を子どもたちが到達すべき価値と捉えてしまったならば、何を「考え、議論した」ところで終着点はある意味変わりません。「生き物を大切にする」。以上。少なくないクラスでは、このような授業が行われているのが現状ではないかと思います。

先に述べたように、わたしは、こうした絶対に正しいとは言えない価値に集約する授業は、本来すべきではないと考えています。

たとえば猟師をお父さんに持つ子どもは、この時何をどう考えればいいのでしょう？　昆虫採集が趣味の子は？　そもそも、人間が生き物の命を奪って食べるという事実を、わたしたちはどう考えればいいのでしょうか？

こうしたさまざまな立場や価値観があるにもかかわらず、最後は「生き物を大切にする」という内容項目にもっていくのは無理があります。

では、どうするか？

大事なことは、さまざまな価値観がある中で、なお「ここまでならみんなが納得できる」という、〝共通了解〟を見出し合うことです。「哲学対話」のポイントは、この〝共通了解〟を見出すところにこそあるのです。

子どもは哲学者？

子どもたちにそんな高度な議論ができるのか、と思われるかもしれません。でも心配は無用です。このあとに論じる留意点などを意識すれば、子どもたちは高度な対話の力を発揮できるものなのです。

一九七〇年代までは、心理学者ジャン・ピアジェ（一八九六〜一九八〇）の影響のもと、子どもは抽象的な概念を理解することも操作することもできないと考えられていました。でも今では、この説は厳しく批判されています。多くの発達心理学者は、今、子どもはむしろ哲学に向いているし、哲学的な問いを好むものだと考えています（河野哲也『「こども哲学」で対話力と思考力を育てる』参照）。

全国の小・中・高校生たちとの「哲学対話」に、わたしはよく出かけています。その経験から言っても、近年の発達心理学の知見は妥当なものだと身にしみて感じています。

「哲学対話」の際には、多くの場合、まずわたしの方から「哲学とは何か」というお話をします。前にも述べたように、哲学とは、さまざまな物事や問題の「そもそも」「本質」を考え抜く営みです。幸せとは何か、恋とは何か、悪とは何か、等々。「本質観取《かんしゅ》」とか「本質洞察」とか言いますが、こうした物事の本質を洞察し言葉にすることこそ、哲学の一番の命です。

もちろん、絶対に正しい物事の「本質」などはありません。でもその上で、できるだけ誰もが、「なぁるほど、それは確かに本質的だ」とうなってしまうほど深い思考にたどり着くこと。それが哲学の本質なのです。

物事の本質を洞察できれば、それにまつわるさまざまな問題を解き明かす考え方（原理）を見出すことができます。たとえば、幸せの本質が分かれば、どうすれば幸せになれるかの根本的な考え方（原理）が分かる。よい教育の本質が分かれば、ではどうすればそのような教育をつくっていくことができるかの原理が分かる。「本質洞察に基づく原理の提示」。哲学の最大の意義を、わたしはこのように言っています。

ちなみに、ここで言う「原理」は、宗教原理主義などが言うところの「原理」とはまったくの別物です。原理主義とは、それ以外の考え方は絶対に認めないという態度のことです。それに対して哲学の言う「原理」は、「この考え方は最も底まで落ちた考えになってはないだろうか？」と、人びとの吟味検証に開き投げかけていくような考え方のことなのです。そのような「原理」を、互いに問い合い鍛《きた》え合っていく営みこそ、哲学するということにほかなりません。

さらにちなみに、よく哲学と倫理学はどう違うのですかと聞かれるのですが、倫理学はさしあたり哲学の一領域と考えておいていただければと思います。「真」「善」「美」などの意味や価値の本質を探究するのが哲学ですが、倫理学は、その中の特に「善」についてを探究するものなのです（もちろん、さまざまな意味や価値は互いにつながり合っていますから、これはあくまでも便宜《べんぎ》的な区分です）。

さて、哲学対話に先立っては、なぜわたしが哲学者になったのか、哲学ではこれまでにどんな問題が出されてきて、それらがどんなふうに解かれてきたのか、といったお話もよくします。そして、哲学的な思考や対話の仕方のエッセンスを。

と、そんな話をすると、その後わたしの前にはいつも長蛇《ちょうだ》の列ができるのです。哲学についてもっと聞きたい、もっと知りたい、自分もこんなことを考えている、等々、それはそれは熱のこもった質問攻めにあうのです。

そのたびに、わたしは、子どもはほんとうに哲学者だなぁと思います。特に中学生くらいの思春期の子どもたちは、おそらく人生で最も哲学者になる時期です。「生きるとは何か」「人間とは何か」「友達とは何か」……こうした問いに、本気で向き合っている子どもたちがたくさんいます。

でも、普段の生活では、そうした話をする機会はなかなかないんじゃないかと思います。だから、わたしのようないい年をした大人が、自分たちが悩んでいるのと同じようなことを真剣に考えているのを知って、いくらか興奮して駆けつけてくれるのではないかと思うのです。

続いて、じゃあ実際に「本質観取」をやってみようか、と、子どもたちと輪になって「哲学対話」を始めます。

この時間がほんとうに楽しい。子どもたち自身にテーマを出してもらうことも多いのですが、そのテーマがまたいいのです。「恋愛と友情の違いってなんだろう?」「生きる意味って何ですか?」「いい議論とはどんな議論?」「世界の始まりは何?」「無とは何か?」……。

実を言うと、これらの問いも含めて、出てくる問いのほとんどは二五〇〇年の哲学の歴史を通してすでに解き明かされているものです(ご興味のある方は、ぜひ拙著『子どもの頃から哲学者』大和書房、や『はじめての哲学的思考』などをお読みください)。もちろん、解き明かされているとは言っても、前に言ったようにその〝答え〟は時代と共に更新され続けなければならないのですが。でもいずれにしても、子どもたちは、そんな対話を通して過去の哲学者に負けないくらいの〝答え〟にたどり着くことも少なくないのです。

子どもたちを見くびってはいけない。心底そう思います。あれやこれや話し合った末に、結局は決められた内容項目に結論づけていくような道徳教育の欺瞞《ぎまん》を、子どもたちの多くは見抜いています。

その結果、まじめな子どもたちは、議論すること、対話することの虚《むな》しさを感じてしまうかもしれません。「何を話し合ったって、結局求められる答えは決まってるんだよな」と。

その代わり、ぜひ「哲学対話」をやってみてほしい。わたしはそう思っています。その具体的な方法は、後述することにしたいと思います。

「話し合えたことに意味がある」……では不十分

よく、道徳教育はオープンエンドであるべし、といった話を聞きます。絶対に正しい道徳がない以上、「考え、議論した」末には、明確な結論を出さず、それぞれがそれぞれに考えを深めればいいのだと。決められた内容項目に終着させるのとは、ある意味で真逆の発想です。とても共感できる考えです。でもわたしは、それはそれで不十分だと考えています。というのも、オープンエンドはオープンエンドで、子どもたちに対話することの虚しさを感じさせてしまう可能性があるからです。

どれだけ話し合っても、結論は結局出ない。だったら話し合うだけ無駄なんじゃないか、と。いやいや、それでも話し合えたことに意味があるんだ、と言う人もいるかもしれません。でも哲学者として、わたしはやっぱり、このような考え方は不十分だと思うのです。

これまでにも言ってきたように、哲学というのは、それぞれの時代の最難問に、絶対の答えのない難問に、それでもなお、できるだけみんなが深く納得できる考えを示してきたものだからです。絶対の答えなどなくても、一定の〝共通了解〟にたどり着くことは可能なのです。

年に何度も、教育をテーマにしたシンポジウム等にお招きいただきます。それこそ、「道徳教育について」とか、「これからの教師について」とか、毎回旬のテーマについて、何人ものシンポジストの方たちと討論したり、参加者のみなさんと議論したりしています。

長い間、わたしはこのシンポジウムなるものに満足することがほとんどありませんでした。というのも、シンポジウムというのは、たいてい、それぞれの識者が言いたいことを言い放ち、時に噛み合わない議論をして、何の共通了解にも至らないまま終わるというのがお約束だからです。

司会者は大体こんなふうに言って会を閉じます。

「いや～難しい問題ですね。こういうのは答えがないものですね。でも、こうやって話し合えたことに意味があるのです」

――と、こんな話を聞くと、わたしはとてももどかしい気持ちになってしまうのです。

「答えがない？」「話し合えたことに意味がある？」

哲学者は、そんなことは決して言いません。なぜなら哲学とは、繰り返しますが、さまざまな問題について「こう考えれば最もうまく問題を解き明かせる！」という〝考え方〟を見出し合う営みだからです。哲学者は、議論の道筋それ自体を敷くところまで思考を掘り下げ、その上で共通了解可能な答えを見出そうとするものです。議論の方法も明示しないただの「話し合い」なんて、決してしたくないのです。

そんなわけで、近年は、シンポジウム等の際、そんな哲学者としての役割をできるだけ果たすことを意識しています。物事の考え方、議論の仕方、教育の本質……そうした根本の前提を、まずわたしの方で敷かせてもらって、その上で建設的な議論ができるようファシリテートもしています。

もちろん、わたしが投げかける本質それ自体の妥当性も、常に議論に開かなければなりません。でもいずれにせよ、議論の共通の土台を敷くことがなければ、それぞれがそれぞれの立ち位置でただ互いの価値観をぶつけ合うだけになって、教育論はどこにも行き着かないのです。

みんなが深く納得できる〝共通了解〟に、どこまでたどり着けるか。これが哲学の命なのです。そしてそれは、何も哲学者だけにできる芸当というわけではありません。もちろん、哲学者はそうした哲学的思考を磨くことにほとんどの時間を費やしている人間たちです。でも、経験を積み、またちょっとしたコツさえつかめば、子どもたちにも十分にできることなのです。

価値観・感受性の交換対話

わたし自身は、大きく三種類の「哲学対話」を提唱しています。

「哲学対話」については、『はじめての哲学的思考』という本にも詳しく書きました。以下では、前著とあまり重複しないよう、本書のテーマに沿う形で、その三つの哲学対話の方法について改めて書いておくことにしたいと思います。

一つ目は、「価値観・感受性の交換対話」です。

これは、さまざまな事柄についての考えや感じ方をお互いに交換し合う対話です。前著では、すぐれた文学作品や映画、マンガ、アニメなどの〝批評〟を特にその例として挙げましたが、道徳科においては、道徳的なテーマを扱った作品の批評を中心にしてもいいかもしれません。

安楽死を一つのテーマとする森鷗外《おうがい》の『高瀬舟』や、ナチスによるユダヤ人の大量虐殺と、そこから多くの人を救った人物の実話を基にした、スティーブン・スピルバーグ監督の『シンドラーのリスト』など、題材はいくらでもあるでしょう。

もっとも、取り立てて〝道徳的〟な作品を取り扱う必要は必ずしもありません。たとえば手塚治虫の『火の鳥』や『ブッダ』などは、人間や生命について深く考えさせられずにはいられない傑作です。どのような作品であれ、それがすぐれたものであれば、多くの場合いかようにも道徳教材として使えます。

ただ、それだと道徳の教科書に載っている「いい話」や「葛藤を生む話」についてみんなで「考え、議論する」よくあるパターンの授業とあまり変わりがありませんので、ここでは次の点を強調しておきたいと思います。

「価値観・感受性の交換対話」は、道徳の授業でよく言われるような、何らかの「道徳的価値の

「自覚」を子どもたちにもたらすことが目的ではありません。たとえば『火の鳥』を読んで、「命の大切さが分かった」などと子どもたちに言わせることが目的ではないのです。「価値観・感受性の交換対話」のポイントは、作品の何が自分の心を打ったのか、あるいは打たなかったのか、そのことをお互いに言葉にして交換し合うことにあるのです。というのも、この対話は、「自由の相互承認」の感度を育むために、次の三つの意義を持つべきものだからです。

一つは、「自分自身を深く知る」という点において。

「自由の相互承認」ができるようになるためには、まず何をおいても、自分自身のことを深く知る必要があります。そうでないと、「あいつ何か分からないけどムカつく」なんて思って、人に対して攻撃的になってしまうかもしれません。

自分はどんな人間なのか。何が好きで、何が嫌いなのか。その〝自己了解〟が深まれば、そんな自分を冷静に見つめ、人との折り合いをつけようとすることもできるようになるはずです。「あいつ何かムカつく」と思っても、そんな自分を、ちょっと遠くから見つめ直すこともできるかもしれません。

「価値観・感受性の交換対話」は、そんな自分の価値観や感受性を内省する、大事な機会を子どもたちに提供してくれるはずです。『シンドラーのリスト』を観て、自分は何を思うのか。『ブッダ』を読んで、何を感じるのか。こうした経験を通して、子どもたちは、自分はいったい何者なのか、どんな価値観を持っているのか、その〝自己了解〟を深めていくのです。

二つ目の意義は、その〝自己了解〟に加えて、〝他者了解〟もまた深まるという点です。対話を続ける中で、わたしたちは、人それぞれ価値観や感受性が大きく異なることを肌で感じます。自分はこう考えるのに、なぜこの人はこう考えるんだろう。自分はこれが好きなのに、なぜこの人は嫌いなのだろう。他者との対話を通して、子どもたちはそんなことを考えます。そして、お互いの共通点や違いの理由を深く探り合うのです。

それはつまり、「相互承認」の土台を築き合うということでもあります。

自分の考えや感じ方は、誰にでも共感されるわけじゃない。対話を通して、子どもたちはそんなことを自覚していきます。自分を俯瞰《ふかん》し、いくらか相対化することもできるようになるでしょう。価値観や感受性が編み変わっていく場合もあるでしょう。そんな経験は、自分とは考えの違った人を尊重できるようになる、大きな一歩になりうるはずです。

とは言っても、さっきも言ったように、何でもかんでも「人それぞれ」を言い立てるだけの議論は、哲学対話の名に値しません。

「価値観・感受性の交換対話」の三つ目の意義は、まさにこの点にこそあります。

それがほんとうにすぐれた作品であったなら、わたしたちは多くの場合、「この作品は確かにここがすぐれている」という〝共通了解〟にたどり着くことができるのです。その意味でも、「価値観・感受性の交換対話」にあたっては、教科書の短い読み物ではなく〝ホンモノ〟の作品を味わうことをオススメしたいと思います。

もちろん、万人が絶賛する作品なんてありません。でも、それがほんとうにすぐれた作品であった場合、言葉を交わし合っているうちに、その〝よさ〟の本質が浮かび上がってくることがあるのです。人それぞれ好き嫌いはある。でも、確かにこの点については作品の力を評価しないわけにはいかないと納得し合えるような、そんな〝よさ〟の本質にたどり着くことがあるのです。

そのような普遍的な〝よさ〟や力を持った作品のことを、わたしたちは特に芸術と呼んでいます。逆に言うと、そうした〝よさ〟の本質が浮かび上がってこないような作品は、芸術の名に値しないのです。

前にも紹介した一九世紀ドイツの哲学者ヘーゲルは、芸術作品について次のように言っています。

芸術作品を単なる見せかけと考えるのはとんでもない誤解で、そこには、日常の現実を超えた

高次の真正の現実が備わっています。（ヘーゲル『ヘーゲル美学講義（上）』一二頁）

あるいは、二〇世紀最大の哲学者の一人と称されるハイデガー（一八八九〜一九七六）はこう言います。

芸術とは真理の生成であり生起である。（ハイデッガー『芸術作品の根源』一一七頁）

ヘーゲルもハイデガーも、かなりクセのある哲学者なので、これらの言葉の意味を正確に解説しようとすると本書の半分くらいを費やしてしまいます。ヘーゲルの言う「高次の真正の現実」にしても、ハイデガーの言う「真理の生成」にしても、かなり独特の意味が込められた言葉だからです。

が、ここではひとまず、これらの言葉を、芸術はわたしたちに〝ほんとう〟の意味世界を開くものである、という意味として捉えておきたいと思います。

それは、何か絶対に正しい「真理」のことではありません。わたしたちは、時に「ああ、これは〝ほんとう〟の芸術だ」とか、「この人は〝ほんとう〟の善人だ」とか言うことがありますが、ここで言う〝ほんとう〟とは、まさにそのような意味での〝ほんとう〟です。

日々の雑事にまみれて生きるわたしたちは、そんな何か〝ほんとう〟の世界を夢見たり憧《あこが》れたりしつつも、それが何なのか分からずにいるし、それをつかみ取ることもできずにいるものです。〝ほんとう〟の美、〝ほんとう〟の人間らしさ。そんなものを、どこかで想像しながらも、それが何なのかよく分からずにいるのです。

芸術は、そんなわたしたちに、ありうべき、あるいはあれかしと願う〝ほんとう〟の世界を、まざまざと見せつけてくれるものなのです。

たとえば、二〇一二年に公開されたミュージカル映画『レ・ミゼラブル』は、好き嫌いはあったとしてもやはりすぐれた作品です。そこには確かに、わたしたち人間存在の〝ほんとう〟がある。

たった一本のパンを盗んだことで、一九年もの間服役していたジャン・バルジャンが、出獄後、ある司教に出会い温かく迎え入れてもらったにもかかわらず、その教会の銀食器を盗み出し、逃走。その後間もなく捕縛されるものの、その司教が、「それは自分が与えたものだ」と証言してくれたことで罪を免《まぬか》れ、この経験が、ジャン・バルジャンを改心させることに……。

などという、いかにもお説教くさい〝道徳的〟な冒頭のストーリーが、特段すぐれているというわけではありません。わたしに言わせれば、このくだり、ジャン・バルジャンを改心させるために原作者ヴィクトル・ユゴーがこしらえたその〝作意〟の見える、決して成功しているとは言えないシーンです（と、わたしの感受性はそう捉えるのですが、対話を重ねればこの意見が変わる可能性は十分にあります。逆に、わたしのこの捉え方が多くの人の〝共通了解〟を得られる場合もあるでしょう。「価値観・感受性の交換対話」の醍醐味《だいごみ》は、まさにそんなところにこそあるのです）。

この作品がきわめてすぐれて描き出しているのは、貧しさの中、自分を犠牲にしても娘（コゼット）を守り育てる母（ファンティーヌ）の愛、ファンティーヌ亡き後、身寄りのないコゼットを預かり育てることを決めたジャン・バルジャンの愛、やがて成長したコゼットが知る初めての恋、その恋の相手、マリウスを人知れず愛する、エポニーヌの悲しい恋などです。

こうしたいかにもクリシェ（お決まり）なストーリーにもかかわらず、展開の巧みさと、完璧なまでに美しい音楽によって、この映画は、単なるクリシェでは断じてなく、むしろ人間の〝ほんとう〟を描き出すことに成功しているのです。ここには人間の〝ほんとう〟がある。彼らこそ〝ほんとう〟の人間である。そう言わずにはいられないほど、この映画は——もちろんユゴーの原作も——人間の〝ほんとう〟を巧みに描き出しているのです。どんな悲惨の中にあっても、それでも人は、人を愛し、前を向いて生きていくことができる。そんな人間の〝ほんとう〟を。

さらにこの映画には、「自由の相互承認」の原理を知るわたしたちが注目せずにはいられないある重要なテーマがあります。

この映画（小説）の舞台は、フランス革命後の激動の一九世紀フランスです。民衆が、文字通り「自由」を求めて戦った時代。そんな「自由」を求めずにはいられない人間の〝ほんとう〟もまた、この映画には見事に描き出されています。実はわたしがこの映画で最も胸を打たれるのは、そうして命を賭《と》してでも「自由」を求めて進む人びとの姿です（それがわたしの価値観・感受性というわけです）。

人それぞれ、好き嫌いはある。価値観や感受性もそれぞれです。でもその上で、それがほんとうにすぐれた作品であったなら、わたしたちはその〝よさ〟の本質――〝ほんとう〟――を、ちゃんと言葉にし合うことができるのです。

単なる〝人それぞれ〟ではなく、〝共通了解〟可能な〝ほんとう〟を見出し合うこと。それこそ、「価値観・感受性の交換対話」の醍醐味なのです。

共通了解志向型対話（超ディベート）

哲学対話の二つ目は、共通了解志向型対話（超ディベート）とわたしが呼んでいるものです。

〝共通了解〟を見出す、という意味では、先ほどの「価値観・感受性の交換対話」と同じです。ただこの場合、対話のテーマが対立的な意見に分かれやすいものであることが特徴です。

第1章で紹介した「星野君の二塁打」であれば、「星野君は監督の指示に従うべきだったか、否か」といったテーマが考えられるでしょう。こうした意見の分かれやすいテーマは、道徳科の内容項目に沿っていくらでも見つかると思います。たとえば、「死刑は人権侵害か、否か？」「脳死臓器移植、是か非か？」「日本は難民受け入れをもっと積極的にするべきか、否か？」など。

言うまでもないことですが、実際に対話をするに当たっては、子どもたちはこれらのテーマについてまずたっぷり学んでおく必要があります。知識なき議論・対話は、単なる印象のぶつけ合いにすぎなくなってしまうからです。

さて、この「共通了解志向型対話」（超ディベート）のポイントは、いわゆる競技ディベートのように、肯定側と否定側、どちらが説得力があったかを競うのではないということです。大事なのは、お互いに納得できるもっとよい〝第三のアイデア〟を見出し合うことです。

これもこれまでいくつもの本に書いてきたことなのですが、こうした価値をめぐる問題においては、「どちらかが絶対に正しい」なんてことはまずないものです。だから、「どちらが論理的に説得力があるか」を競い合うのも、原理的にはあまり意味がありません。大事なのは、あちらもこちらも、どちらも納得するもっといい〝第三のアイデア〟を見出し合うことなのです。

これまで、多くの子どもたちや大学生とこの「共通了解志向型対話」（超ディベート）をしてきましたが、一般的な競技ディベートに比べて、議論が圧倒的に建設的になるのを実感しています。競技ディベートの場合、相手に〝勝つ〟ことが目的になりますが、超ディベートの場合は、お互いによりよいアイデアを見出していくことが目的になるからです。

前に述べた、「生き物を大切にする」をテーマに、かつて小学校二年生の子どもたちとこんな「共通了解志向型対話」（超ディベート）をしたことがありました。「虫を殺すのはいけないことなのか、否か？」というテーマで行われた対話です。

最初は、いい、悪い、を問うような議論がなされましたが、やがて対話は次のように進んでいきました。

A「虫を殺すのはかわいそうって言うけど、でも人間は動物を殺して食べているでしょ？」
B「そうだね。ってことは、動物を仕方なく殺して、ごめんなさいって言って、命をありがたくいただくのは、悪いことじゃないんじゃないかな」
A「うん、動物と虫とは違うよね」
C「人間は動物を食べるから、殺すのは仕方ないけど、虫は食べないから、殺したらダメってこと？」

D「でも昆虫採集が趣味の子もいるでしょ？　それはダメなの？」
B「ダメだと思う。食べるわけでもないのに、虫がかわいそう」
D「昆虫採集をして、何か新しい発見をすることもあるかもしれないよ？　人類の役に立つような」
C「その場合は仕方ないかなぁ」
D「でも、人間の役に立てば殺していいなんて、勝手なんじゃない？」
C「じゃあ、殺していい時とダメな時の違いは何なの？」
D「分かんない」
A「て言うか、動物だって、別に食べなくても人間は生きていけるじゃん。だったら動物を殺すのもダメなんじゃないの？」
D「でも、肉食動物だってほかの動物を食べて生きてるんだよ。命を食べるのは自然なことなんじゃないの？」
A「じゃあ生き物の命を大切にするって、どういうことなの？」

——こんな対話が交わされて、彼らがひとまずたどり着いた〝共通了解〟。
それは、「命を面白おかしく奪うことは認められない」ということでした。そして続けます。

「認められるのは、人間が生きるために必要な分だけ、命をいただくこと」と——。

とても見事な〝第三のアイデア〟だとわたしは思います。合間合間にわたしもファシリテーションをしましたが、子どもたちはほぼ自力でこんな〝共通了解〟にたどり着いたのです。

もっとも、この〝第三のアイデア〟の妥当性は、これからも問われ続ける必要があるでしょう。三年生、四年生になるにつれて、もっと深く議論がなされることになるかもしれません。しかしいずれにせよ、道徳の授業には、「生き物を大切に」なんていう通り一遍の答えなんて必要ないのです。子どもたちは、自分たち自身で、もっと深い答えにたどり着く力を持っているのです。

〝そもそも〟（本質）を考える

共通了解を得るための対話を成功させるには、大きく二つのコツがあります。

一つは、常にそのテーマの〝そもそも〟（本質）を考え合うこと。

再び、「星野君の二塁打」を例に考えてみましょう。

「監督の指示にはいついかなる時も従うべきか、否か」といったテーマで、「共通了解志向型対話」（超ディベート）をしたとしましょう。

この時に重要なのは、「そもそもスポーツは何のため？」というスポーツの本質（目的）を考え合うことです（「少年野球は何のため？」でもいいでしょう）。

スポーツにはさまざまな目的があると思いますが、その最上位の目的は、おそらく「楽しむため」であることに多くの人は合意するのではないかと思います。「勝つため」という目的もあるかもしれませんが、それはあくまでも「楽しむため」の一つの手段です。少年野球であればなおさらそうでしょう。もし「勝つこと」自体が一番の目的になり、そのために「楽しむ」ことができなくなってしまったら、子どもたちが野球を続ける意味などなくなってしまうでしょう。

「忍耐力を身につけるため」なんていう目的を主張する人もいるかもしれませんが、それもまた、やはり「楽しむ」ことができるかぎりにおいての話だろうと思います。ただひたすら苦しみに耐えるだけの力を身につけたいのであれば、修行僧にでもなればいいでしょう（もっとも修行僧の修行も、忍耐力を身につけるというよりは〝解脱《げだつ》〟することが目的ですが）。

ともあれこのように、「そもそもスポーツ（少年野球）は何のため？」についての合意が得られれば、「監督の指示にはいついかなる時も従うべきか、否か」を巡る議論の道筋も見えてくるはずです。

いついかなる時も監督の指示に従わなければならないスポーツを、わたしたちが楽しむことなんてできないでしょう。とすればわたしたちが考え合うべきは、「いついかなる時も従うべきか、否か？」ではなく、「どのような条件においては従うべきで、どのような条件においては自己判断が許容されるべきか？」という問いになるはずです。

このような問いであれば、共通了解可能な第三のアイデアをいくらでも見出していけるはずです。

〝そもそも〟を問い合うことで、二項対立的な問いの立て方それ自体を変え、その上で建設的な共通了解を見出し合う。これが「共通了解志向型対話」（超ディベート）の一つの肝《きも》なのです。

「欲望」までさかのぼる

意見の対立を解きほぐし、共通了解を得るための対話のもう一つのコツは、お互いの意見や信念の底にある「欲望」の次元にまで思考をめぐらせることです。

というのも、哲学的に言って、わたしたちの意見や信念というのは、自覚できるかどうかは別にして、実は多くの場合何らかの「欲望」や「関心」に応じて抱《いだ》かれているものだからです。

絶対に正しい信念なんてありません。それはいつも、わたしたちの欲望の色を帯びているのです。

たとえば、「お年寄りには電車で席をゆずるべきだ」という信念を持っている人がいたとしましょう。

この信念（モラル）は、繰り返し言ってきたように絶対に正しいものではありません（とても立派なものではあるかもしれませんが）。そしてわたしたちは、少し振り返ってみると、そんな自分の信念の奥底に、自覚的であれ無自覚的であれ、何らかの欲望や関心が横たわっているのを見出せる可能性があるのです。

たとえば「立派な人間でありたい」という欲望。あるいは、「これまでそうやって教育されてきたから、他の人にも同じようにさせてやりたい」という欲望。

信念の次元の対立においては、お互いにどうしても意固地になって、〝共通了解〟を見出し合おうとはなかなかできないものです。「お前はどうしてお年寄りに席をゆずらないのか!」「いやそんなこと言われたって……」。そんな対立やすれ違いが続くものです。あるいは、自分の主張が正しいとする〝理屈〟を、無理やりこねくり回したりすることもあるでしょう。

でも「欲望」の次元にまでさかのぼると、わたしたちは不思議と、「なるほど、その欲望(気持ち)なら分かるかも」と、お互いに一歩歩み寄ることができるものなのです。「そうか、この人は自分が立派な人間でありたいという欲望を持っているんだな」。対立した側も、そんなことが理解できれば、その気持ちならまあ分からなくもないなと思えるかもしれません。もう一方の側も、自分の信念の底にいくらか独りよがりな欲望があったことが自覚できれば、自身の信念を(微)調整することもできるようになるかもしれません。

「～べき」の主張から、「～したい」の交換へ。これもまた、信念の対立を解きほぐすためのとても重要な思考法・対話法なのです。

「問題解決的な学習」としての道徳教育

誤解のないよう言っておくと、〝第三のアイデア〟を見出す対話は、〝妥協点〟を見出し合う議論というわけではありません。

妥協は、お互いがお互いに少しずつ折れることで、はじめに求めていた地点より低い地点での合意を得ることです。

日常の議論や交渉においては、こうした妥協点を見出すことが求められる場合もしばしばです。だからそうした議論ができるようになることも、確かに大事なこととは言えるでしょう。

でも、哲学対話としての「共通了解志向型対話」（超ディベート）は、文字通り、どちらも納得できるよりよい〝第三のアイデア〟を共に見出し合うことを目指すものなのです。妥協案ではなく、より建設的なアイデアを考え合うものなのです。

こうした〝第三のアイデア〟を目指す議論は、たとえば「星野君は監督の指示に従うべきか、従わないべきか」という、二者択一的な視野の狭い議論になることなく、また「決まりを守る」という杓子定規《しゃくしじょうぎ》の内容項目に収拾することもなく、より創造的な思考を子どもたちに育むことができるはずです。

学習指導要領には、「特別の教科　道徳」のあり方として「問題解決的な学習」の重要性が挙げられています。右に論じてきた〝第三のアイデア〟を見出し合う哲学対話は、さまざまな道徳的な問題状況を乗り越える、まさに「問題解決的な学習」の一つと言えるでしょう。

実を言うと、学習指導要領のこの提言、これまでの道徳教育の歴史から見れば、非常に画期的なものなのです。というのも、これまでの道徳の授業では、先にも触れたように子どもたちに「道徳的価値の自覚」をもたらすことが最も大事なことであって、何かクリエイティブな解決策を見出すようなことはある意味で御法度《ごはっと》とされていたからです。解決策を探ることに重点が置かれてしまうと、肝心の道徳的価値がなおざりにされてしまう、と危惧されていたのです（荒木寿友『ゼロから学べる道徳科授業づくり』明治図書出版、参照）。

でも今では、「共通了解志向型対話」（超ディベート）のような「問題解決的な学習」を、わたしたちは堂々とすることができるようになりました。先生方には、ぜひ遠慮なく、子どもたちとクリエイティブな哲学対話に取り組んでいただきたいと思います。

ちなみに、道徳が教科になったことで、道徳科も他の教科同様「教科書の使用義務」が課されることになりました。でも、意外に知られていないことなのですが、これは教科書だけを使用しなければならないとか、教科書の中身を全部網羅的に教えなければならないとかいったことを意味するものではありません。むしろ、教材の創意工夫は積極的に奨励されていることです。先生方には、教科書もさまざまに活用しながら、ぜひ、本書が提案している道徳教育の三つの方法

――「哲学対話」「学校・ルールをつくり合う道徳教育」「プロジェクトとしての道徳教育」――を実践いただければうれしく思います。

本質観取

三つ目の「哲学対話」は、先にも少し触れた「本質観取」です。

わたしの考えでは、これこそ哲学の文字通り本質と言うべきものです。さまざまな物事や問題の本質を、深く洞察して言葉にすること。「なるほど、確かにその考え方、言い当て方は本質的だ」とうなってしまうような言葉を編み上げること。それが「本質観取」です。

「本質観取」というのは、二〇世紀ドイツの哲学者フッサール（一八五九～一九三八）が創始した現象学の用語です。でも、現象学が登場するよりずっと前から、歴史上の哲学者たちはみんなすぐれた「本質観取」をしてきました。

たとえばプラトン（前四二七～前三四七）は、「正義」や「恋愛」などの本質を明らかにしました。デカルト（一五九六～一六五〇）は「疑いえないもの」の本質を、ルソー（一七一二～一七七八）は「よい社会」の本質を、ニーチェは「生きる意味」、フッサールは「認識」、ハイデガーは「人間存在」の本質を明らかにしました。

もちろん、彼らが明らかにした本質は、あとの時代の哲学者たちによってより深められていくべきものです。でもいずれにしても、すぐれた哲学者たちの哲学には必ず「本質観取」があるのです。繰り返し述べてきたように、それこそが哲学の最も大事な〝本質〟だからです。

本質観取のテーマは、たとえば幸せ、嫉妬《しっと》、懐かしさ、友情、不安、希望、教育、芸術、美、恋、正義、といった、さまざまな意味や価値にまつわる概念です。

これらの概念は、いくつかの種類に分けることができます。恋や嫉妬、不安や懐かしさといった〝感情〟に関するもの、芸術や教育、政治のような〝ことがら〟に関するもの、そして、道徳、正義、美、自由といった〝価値〟に関するものなどです。

〝感情〟に比べて、〝ことがら〟や〝価値〟の本質観取は少し難度が高くなります。というのも、感情がわたしたちにありありと感じられるものであるのに対して、〝ことがら〟は多様性の幅があまりに広く、〝価値〟は抽象性があまりに高いものであるからです。

たとえば、「芸術」のような〝ことがら〟は、音楽、絵画、彫刻、建築、文学など、考えるべき対象が広すぎます。だから、これらに共通の本質を見出すのはなかなか難しい。

「正義」のような〝価値〟も、その中身は時代や文化によってかなり変わるし、そもそも非常に抽象的な言葉だから、イメージするのがとても難しい（ただしわたしの考えでは、近代以降における「正義」の本質は、やはり「自由の相互承認」のほかありません）。

でも、もしこれらの概念の〝本質〟を十分に明らかにすることができたなら、それをめぐるさまざまな問題もまた、力強く解き明かしていくことができるようになるのです。たとえば、「幸福」の本質が分かれば、どうすれば幸福になれるのかが分かる。「嫉妬」の本質が分かれば、それをどうやってコントロールすればいいかも分かるようになるのです。まさに「本質洞察に基づく原理の提示」です。

道徳教育の観点から言えば、指導要領にもあるような、「よい」とは何か、「誠実」とは何か、「個性」とは、「勇気」とは、「思いやり」とは、「友情」とは、「寛容」とは、「正義」とは、「公正」とは、といった概念の本質観取を、実際に道徳の授業でやってみるといいかもしれません。これらの概念の本質観取ができたなら、それは最高度の「考え、議論する道徳」と言えるのではないかと思います。

本質とは〝意味〟の本質のこと

「本質観取」の具体的な方法をご紹介する前に、ここでいくつかの注意点をお伝えしておくことにしたいと思います。

まず理解しておくべきは、本質観取は辞書的な〝定義〟づけとはまったく違うということです。

たとえば「嫉妬」を辞書で引いてみると、「すぐれた者に対して抱くねたみの気持ち。ねたみ。そねみ」などとあります。

これを読んでも、わたしたちには何の発見もありません。なぜなら辞書的な定義は、ある概念を別の言葉で言い換えて説明しているだけだからです。嫉妬とはねたみであるなんて、ほとんど同語反復です。

それに対して本質観取は、言葉（概念）の本質的な〝意味〟をつかみ取るものです。わたしたちは、いったいどのような〝意味〟をもってそれを「嫉妬」と呼んでいるのか。別の言い方をすれば、どのような〝意味〟をもって、たとえば「嫉妬」と「羨望《せんぼう》」とを区別しているのか。そうした〝意味〟の本質を、言葉を縦横に編み上げて表現するのです。

せっかくですので、今少しだけ「嫉妬」の本質を言葉にしてみましょう。

道徳の授業で、実際にこの言葉の本質観取を子どもたちとやってみてもいいかもしれません。学習指導要領には、「親切、思いやり」とか「正直、誠実」とかいった内容項目が挙げられていますが、「嫉妬」がその一つの大きな理由となって、わたしたちはしばしば、思いやりを持つことも正直でいることも困難になってしまうことがあるからです。

いつでも誰に対しても親切にしようとか、正直でいようとか、口で言うのは容易《たやす》いことです。

でも道徳の授業では、そんなお題目を唱えるだけでなく、どのような条件を整えればそれが可能になるかを考え、議論したいものだと思います。「嫉妬」とは何かが分かれば、ではどうすればこれを克服することができるかも分かるようになるはずです。それはつまり、人に「思いやり」を持つための、一つの条件が明らかになるということでもあります。前に言った「条件解明型の思考」です。

「感情」の本質観取は、先述したように難度が最も低いものですので——その分、深みや味わいに欠けるところもあるのですが——以下では手短に「嫉妬」の本質観取をしてみることにしましょう。

まず、嫉妬とは「自身の〝中心的欲望〟を自分以上に満たしている人によって、〝自己価値感情〟が傷つけられること」と、さしあたり言うことができるのではないかと思います。

もし、わたしが自分より仕事ができる人に嫉妬しているとするなら、それはその仕事が、わたしにとってある程度〝中心的欲望〟であるからです。大して関心を持っていない仕事であれば、わたしがその人に嫉妬することはなかったでしょう。わたし自身は、オリンピック選手にはあまり嫉妬しませんが、すぐれた哲学書を書く人には嫉妬するだろうと思います。わたしにとっての〝中心的欲望〟は、まさに哲学的なよい仕事をすることだからです。

また、もしわたしがその人によって〝自己価値感情〟が傷つけられたと感じることがなければ、それを嫉妬と呼ぶことはないでしょう。〝自己価値感情〟の毀損《きそん》が伴わない場合、わたしたちはそれを「嫉妬」ではなく「羨望」と呼びます。わたしの〝中心的欲望〟を叶えながらも、わたしにみじめさや憎悪を感じさせないばかりか、むしろ憧れを感じさせる人に対して抱くのは、「嫉妬」ではなく「羨望」なのです。

以上のことが、嫉妬という言葉が持つ〝意味〟のさしあたっての本質です。

でも、これだけだとまだちょっと薄っぺらい。せっかくですので、もうちょっとだけ「嫉妬」の深みへと潜《もぐ》っていきましょう。

たとえば、嫉妬の強さは、〝相手との関係性〟、〝自己価値自認度〟そして自身の〝上昇志向の度合い〟によって規定される、という本質を持っています。

〝相手との関係性〟について言えば、それが近いか遠いかということが、嫉妬と羨望とを分かつ一つの分水嶺《ぶんすいれい》になります。相手が手の届かない高みにいる場合や、歴史上の人物であったりした場合、わたしたちが彼らに嫉妬することはあまりないでしょう。それに対して、身近な人や、自分と同程度の地位にいる人に対しては、わずかな差が嫉妬の理由になるのです。

遠ければ憧れ、近ければ嫉妬なのです。わたしは、プラトンやヘーゲルやニーチェにはあまり嫉妬しません。彼らに対して抱いているのは、むしろ敬意です。

相手が自分をどのように認識しているかということによっても、わたしたちの嫉妬の強度は変わります。

もし、相手がわたしのことを認めてくれていたなら、わたしの嫉妬心は〝刺激的嫉妬〟とでも呼ぶべきものになるでしょう。その嫉妬心を刺激にして、自分ももっと頑張ろうと発奮することができるようなタイプの嫉妬です。

それに対して、相手の眼中に自分が入っていなかったり、あるいは見下されたりしている場合、それは〝憎悪的嫉妬〟になるでしょう。はらわたが煮えくり返るほどの、激しい憎悪を伴う嫉妬です。

さらにまた、たとえば〝自己価値自認度〟が低く、でも〝上昇志向〟が強い場合、わたしたちは〝憎悪的嫉妬〟を抱きやすくなるでしょう。それに対して、〝自己価値自認度〟が高く〝上昇志向〟もまずまず強い人は、〝刺激的嫉妬〟を抱きやすいと言えるでしょう。

こんなふうに、本質観取とは、単なる辞書的な定義とは違って、その事柄の〝意味〟を深く掘り下げ言葉にすることなのです。つまり、どのような〝意味〟をもって、わたしたちはその概念をそれと名指しているかを明らかにするのです。

本質が分かれば、わたしたちはその概念にまつわるさまざまな問題を解決していくこともできるようになります。嫉妬の本質が分かれば、たとえば自身の嫉妬をいくらかコントロールすることができるようにもなるでしょう。

たとえば、〝中心的欲望〟が嫉妬の大きな理由であるのであれば、その欲望をとにかく満たすために努力する、なんていう方法もあるかもしれません。他人への嫉妬とか憎悪といったマイナス感情にではなくて、欲望達成のためのプラスの方向にエネルギーを向かわせるのです。

あるいは逆に、その中心的欲望からちょっと離れてみる、といったこともありかもしれません。わたしたちの欲望の中心というのは、意外に——簡単に、とは言わないまでも——変えられるものです。お金がほしい、素敵な恋人がほしい、有名になりたい……。わたしたちは日々、さまざまな中心的欲望のゆえに苦しんでいます。それ以外何も考えられないくらい、何らかの欲望に取り憑《つ》かれてしまうこともあります。

でも、それがあまりに苦しいことであったなら、欲望の中心点を変えてみよう、ずらしてみようと意識するのも一つの手です。お金には代えられない自然体験を楽しもう、恋人はいなくても、今の人間関係を大切にしよう、有名になれなくても、満足のいく仕事をしよう……。妥協と言うより、自分をより幸せにするために欲望の中心点をちょっとズラしてみるのです。

相手との距離が近すぎるのであれば、ちょっと離れてみるのもいいでしょう。嫉妬の相手が気になって、ＳＮＳなどでずっと動向を追いかけるなんてことはきっぱりやめる。愛想よくあいさつはするけれど、それ以上はなるべく関わらない。あるいは、まったく別の世界に飛び込んでみる。

こんなふうに、嫉妬の本質が理解されたなら、わたしたちはその気持ちをコントロールするための方法も見出すことができるはずなのです。

「本質なんてない」ことはない

続いて、本質観取の二つ目の注意点。

本質を洞察する、と言うと、「本質なんてものはない」と言われることがあるのですが、ここで言う本質とは「絶対に正しい本質」のことではありません。そんなものは、確かにあるはずがありません。でもここで言っているのは、そんな絶対の真理のようなものではなく、できるだけ誰もが納得できる、本質的で深い洞察のことなのです。

実を言うと、わたしたちが言葉を使ってコミュニケーションをし、そしてそれが互いに通じ合っているという確信を抱いているかぎりにおいて、わたしたちはその言葉（概念）の〝本質〟を必ず直観しています。

たとえば、「わたしはあの人に嫉妬している」と言った時、それを聞いた人は、わたしが言わんとしていることをきっと理解するはずです。うまく言語化はできなかったとしても、「ああ、この人はあの人のことが嫌いなんだな」とか、「悔しい思いを抱いているんだな」とかいったことを理解するはずです。理由は簡単で、わたしも相手も、「嫉妬」という言葉の意味の本質を、無意識のうちにちゃんと直観し共有しているからです。

本質観取は、こうした何となくの直観、普段はほとんど無意識に感じ取っている本質を、自覚的な言葉にして表現するものなのです。

経験のない概念の本質観取は難しい

三つ目の注意点は、その概念についての経験がなければ、わたしたちはその本質観取をすることも難しいということです。

これについては、わたし自身ちょっと苦い思い出があります。

今、経営者の方々を対象にした「哲学塾」という講座を定期的に開催しています。「本質観取は経営の役に立つ」と感じてくださった経営者の方々にお招きいただき、「よいリーダー」の本質観取や、「よいコミュニケーション」、「企業の存在意義」、「ニーズ」の本質観取などを行ってきました。

この「哲学塾」で、ある時「よい経営」の本質観取をやったことがありました。

もちろん、わたしには会社経営の経験なんてありません。でも、経験豊富な社長さんたちの議論をファシリテートすれば、満足のいく本質観取ができるに違いないと高《たか》を括《くく》っていました。が、見事に撃沈しました。どれだけ社長さんたちの話を聞いても、わたしの中に生きた言葉が浮かび上がってこないのです。本質観取のファシリテーターには、（参加者が本質観取に不慣れな場合は）対話の中で出てくる言葉を本質的な概念へと上手にまとめていく力が求められるのですが、この時はそれがほとんどできませんでした。これまで十何年も本質観取をやってきましたが、これは初めての苦い経験でした。

仕方なく、その後テーマを変えました。先ほども言った、「よいリーダー」の本質観取、「人を育てる」の本質観取など。こちらはとても深くその本質をえぐり出すことができましたが、ともかくにも、あの時の失敗経験は、わたしの中に大きな教訓を残しました。

あれから何年か経った今では、自分の中にあまり経験がない概念の本質観取も、経験豊富な人の話を聞く中である程度はできるようになりました。でもやっぱり、本質観取は、自分の中の経験をじっくり振り返った方が、より深く、また楽しくできるのではないかと思います。

子どもたちにとっても、まだ十分な経験がない概念の本質観取は、混乱を生じるだけで、かえって対話への嫌悪感をもよおさせてしまう危険性がありますので、避けた方がいいだろうと思います。

が、同時に急いで言っておかなければなりません。子どもたちは、かなり高度な、また抽象的な概念の本質観取であっても、意外に深いところまで言葉を紡《つむ》いでいくことができるのだと。たとえば、「自由」とは何か、「公平」とは何か、といった難しい概念も、わたしの経験では、小学校三年生くらいになればかなりの水準でその本質観取ができるようになります。改めて、子どもたちの力を見くびってはいけないと思わされます。

他方、「恋愛」とは何かといったテーマの場合は、十分な経験のない子どもも多いでしょうし、そもそも若干デリケートなテーマでもありますので、こうした概念を取り上げる際には十分な注意を払う必要があるかと思います。

安全安心の場づくり

このことに関連して、四つ目の注意点は、本質観取に当たっては、必ず安全安心の場をつくらなければならないということです。特に先に見たようなデリケートなテーマについては、十分な配慮が必要です。

たとえば、「友情」。道徳教育の内容項目にも掲げられているテーマですが、友達がいなくてつらい思いをしている子や、いじめにあっている子どもなどがクラスにいる時は、よっぽど注意してかからなくてはなりません。

もっとも、「哲学対話」のやり方次第では、そうした子どもたちが、その問題を克服するきっかけをつくることができる場合もあります。さっきも言ったように、物事や問題の本質を明らかにすることができれば、その問題を力強く解き明かしていくこともできるようになるからです。たとえば、「友情」の本質観取をする中で、一口に「友情」と言っても、何もかも一緒に行動したり、価値観や感情を合わせたりするのが友情ではないんだと気づくことができるかもしれません。むしろ健全な友情は、お互いの違いを認め、尊重し合うことなんだ、と。

クラスメイトと仲良くなれないからといって、それは自分が悪いわけじゃないのかもしれない。そう思うこともできるかもしれません。合わないものは合わない。だったら、お互いの居心地のよさを尊重し合い、距離を取り合うことも大切だ、と。

実はこれ、かつてわたしが中学生と「友情」の本質観取をした時に、ある女の子が実際に言ったセリフです。哲学対話をして、何だかとても楽になった——彼女はあとで、そんなふうに言ってきてくれました。

そんな本質観取の意義を最大限発揮させるためには、やはり安全安心の場を必ず整えなければなりません。

いじめをしてくるクラスメイトの前で「友情」の本質観取をするなんて、拷問に等しい場合もあるかもしれません。哲学対話においては、教師は必ず、それが子どもたちにとって安全安心の場で行われているか、配慮する必要があるのです。

適切な規模と多様性

最後に、本質観取は、一人でもできないことはないのですが、やはり何人かでやった方が断然うまくいくものです。自分一人の経験だけでは、どうしても独りよがりになってしまう可能性があるからです。

特に、本質観取をする概念についての思い入れが強すぎたりすると、かえってその洞察力は鈍ってしまいがちです。「友情はかくあるべし！」「正義はかくあるべし！」と、「徳の騎士」になってしまうことがあるのです。

それに対して、何人かで本質観取をやると、「なぁるほど、それは確かに言えてる」とか、「それはちょっと本質からそれてるんじゃないかな」とか言い合うことができるので、より普遍的に、より力強く、言葉を編み上げていくことができるようになるのです。

適切な規模は、経験的には六人から一二人くらい。ただし、活発に意見を言い合える小学生くらいなら、上限三〇人でも経験的にはそれほど困りません。ただ、よっぽど慣れたファシリテーターでなければ、ちょっと難しいかもしれません。さまざまな状況に合わせて、色々と試していただければと思います。

より普遍的な言葉を紡ぐことを目指すためには、やはり、できるだけ多様な人が集まった方がいいでしょう。世代や年齢、さらに、できることなら国や文化を超えたグループで本質観取をやってみることをオススメします。学年を超えて、時に地域の人たちも巻き込んで、多世代で本質観取をやってみるなんてことも素敵かもしれません。

今では教室に外国籍の子どもたちがいる場合も多いですから、文化的な多様性を担保することも、それほど困難ではないかもしれません。もちろん、本質観取にはある程度高度な言語能力が必要になりますので、その点は現実的な制約も大きいかもしれませんが。ただ、そのような多様な文化的背景を持った人たちとの本質観取にこそ、本質観取の最高の醍醐味があるとも言えます。「正義」にせよ「友情」にせよ、「嫉妬」にせよ「思いやり」にせよ、国や文化が違えば、その概念にまつわるイメージもずいぶん違います。でも本質観取を深めていけば分かりますが、それでもなお、わたしたちは、かなり共通の意味本質にたどり着くことができるものなのです。何に対して嫉妬するかは文化によって違ったとしても、そこにある意味の本質は、やはり「自身の〝中心的欲望〟を自分以上に満たしている人によって、〝自己価値感情〟が傷つけられること」なのです。

文化や人間の多様性と、しかしその底を貫《つらぬ》く普遍性の、どちらにも深い洞察が得られること。これこそ、本質観取の最高の醍醐味だとわたしは考えています。

本質観取の方法

では、本質観取の具体的な方法をご紹介しましょう。

「本質観取」は、これまでいわば天才哲学者たちの名人芸のようなものでした。でも近年、哲学者の西研が、その方法をいくらか体系化してくれています（西研「本質観取とエピソード記述」）。そこで以下では、その方法と、さらにわたしなりに考案した本質観取のコツをあわせて紹介することにしたいと思います。

（1）体験に即して考える

前にも言ったように、本質観取は絶対に正しい本質を見出すものではありません。あくまでも〝共通了解〟にたどり着くことを目指すものです。ですから、まずはお互いの体験を吟味し、交換し合い、そこから共通本質を見出していくのが基本的な方法となります。そのことを、参加者はまず確認し合います。

（2）問題意識を出し合う

次に、本質観取をする概念について、気になっていることや疑問点などを出し合ってみます。「嫉妬」のようなネガティブな例はもう終わりにして、以下では「幸福」の本質観取を例に考えましょう。

この場合、「どうすれば幸福になれるんだろう？」「不幸からはどうすれば抜け出せるんだろう？」といった、それぞれの問題意識を出し合います。ちなみに道徳の「学習指導要領解説」では、「人間の幸福と社会の発展の調和的な実現を図る」ことが、今日一層重要であるといった記述があります。人間の幸福と社会の発展の調和的な実現？　それは一体どういうことなのか、ということを考えるためにも、まずは「幸福」の本質を明らかにしよう、なんていう問題意識もありうるかもしれません。

繰り返し言ってきたように、物事の本質が明らかになれば、それをめぐるさまざまな問題もまた力強く解き明かしていくことができるようになります。そのために、前もって問題意識を出し合うことで、何のためにその概念の本質を明らかにしたいのかを、ある程度はっきりさせておくのです。

（3）事例を出し合う

続いて、その概念にまつわるそれぞれの体験を言葉にしてみます。「幸福」の場合、どんな時に自分が幸福を感じるのか、その経験を共有するのです。

夢が叶った時、美味しいものを食べた時、温泉につかった時、ほめられた時、恋をした時……。

（4）すべての事例の共通本質を言葉にする

事例を出し合ってみると、それらに共通したいくつかの本質的なキーワードが浮かび上がってきます。「幸福」の場合だと、「欲望」とか「満足」とかいったキーワードが出てくるかもしれません。

そこで、これらのキーワードを整理しつつ、すべての事例の共通本質を言葉にしてみます。「幸福」の場合、それはまず「欲望の満足」という言葉になるかもしれません。

——幸福とは、さしあたりまず「欲望の満足」である⁉

（5）最初の問題意識や疑問点に答える

（4）のプロセスで幸せの本質が分かれば、（2）で挙げた問題にもある程度答えることができるようになります。「どうすれば幸福になれるんだろう？」「不幸からはどうすれば抜け出せるんだろう？」こうした問題を、最後にしっかりと解き明かしてみましょう。本質を洞察することの意義を、きっと深く実感することができるはずです。

さらに深めるための五つの秘訣《ひけつ》

わたし自身は、右の（4）の段階で、さらに次の五つの観点から本質観取を深めていくことを提案しています。実りある本質観取を成功させるための、五つの秘訣と言ってもいいでしょう（前著『はじめての哲学的思考』では四つでしたが、本書では、それに「本質類型」を加えた五つを挙げたいと思います）。

① **「本質定義」**
② **「類似概念との違いや関係」**
③ **「本質特徴（本質契機）」**
④ **「本質類型」**
⑤ **「発生的本質」**

①の「本質定義」とは、とりあえずその事柄の本質を短く言い表してみたものです。先ほどの、「幸福とは欲望の満足である」というのがそれにあたります。

でも、これだけではまだ全然物足りない。

そこで、②「類似概念との違いや関係」を考えてみます。そうすると、幸福の本質がより深みを増して浮かび上がってくるはずです。

たとえば、「快楽」との関係。

少しだけ、このことについて考えてみましょう。

まず次のように言えるでしょう。快楽は多くの場合幸福感を伴いますが、幸福感は必ずしも快楽を伴うというわけじゃない、と。性的な快楽は多くの場合幸福ですが、家族団欒《だんらん》の幸せは、快楽と呼べるようなものではありません。その意味で、快楽は幸福の一種であって、その逆ではありません。

では、幸福の中でも特に何を快楽と言うのかと言えば、その本質はまず「欲望の満足」の〝速度〟と〝強度〟にあると言えるでしょう。ひどい飢えや渇きが満たされる「快楽」の秘密は、その欲望満足の〝速度〟と、その落差から来る〝強度〟にある。性的な「快楽」もまた、性的欲望が一息に、また強烈に満足させられるところにある。どれだけじっくり楽しむとしても、性的な快楽は〝ダラダラ〟とは味わえないものでしょう。

要するに、幸福が基本的には欲望の満足を〝味わう〟ものであるのに対し、幸福の一種である快楽は、欲望を〝むさぼる〟ものなのです。

次に、③の「本質特徴（本質契機）」について。

これは、その特徴（契機）がなければ「幸福」とは呼べない、という、いくつかの本質的な特徴のことです。

たとえば、〝ありがたさ〟という重要な本質契機を挙げることができるのではないかと思います。

実はこれは、先ほどお話しした「哲学塾」の運営をしてくださっているある経営者の方が見出された本質契機です。わたしは最初、「う～ん、そうかな？」と思いましたが、何度も繰り返し考えているうちに、なるほど、確かにどのような「幸福」も、それを「幸福」という以上、ある種の〝ありがたさ〟が必ず根底にあると納得しました。

家族団欒の幸せも、夢が叶った幸せも、美味しいものが食べられた幸せも、温泉につかった時の幸せも、わたしたちは、「ああ、今自分は幸せだ」と感じている時、その底に必ず〝ありがたさ〟を感じているはずです。その幸せを感じられていることそれ自体に対する、じんわりとした〝ありがたさ〟を。

あえて「感謝」と言わないのは、何か具体的な対象に感謝していると言うより、この状況に、そのある種の全体性に〝ありがたさ（有難さ）〟を感じているからです。〝ありがたさ〟の感度がまったくない「幸福」というものは、おそらくないと言えるのではないかと思います。

もう一つ、〝相対性〟という本質契機も挙げておきましょう。

幸福の度合いは、他者との相対的な比較によって大きく左右されるものなのです。

先の「嫉妬」と同様、わたしたちは、たとえ傍目《はため》には幸せな人生を送っているように見えたとしても、わたしの欲望をわたし以上に満たしている人が身近にいれば、十分に幸福だと思うことができません。「比較」がわたしたちの幸福を奪い去るのです。

考えてみれば、現代社会を生きるわたしたちは、数世紀前の人たちから見ればまるで天国の住人です。かつては不治の病と言われたものも、今ではそのほとんどが治ってしまいます。二〜三世紀前までは、ほとんどの人が生まれた村を出ることさえできなかったのに、今ではいつでもどこにでも、空を飛んで行くことさえできてしまう。スマートフォンなど、江戸時代の人が見れば打出《うちで》の小槌《こづち》以外の何ものでもありません。

でも、わたしたちの多くはなぜか幸せじゃない。一〇〇年前の水準で見ればこの世界は極楽そのものなのに、わたしたちは、同時代を生きる多くの人たちとの比較のゆえに、いまだ不幸せを抱えた存在なのです。

幸せの相対性理論。これもまた、「幸福」の重要な本質契機なのです。

続いて、④の「本質類型」。これは文字通り本質的な類型のことです。「幸福」については、「此岸《しがん》的幸福」「彼岸《ひがん》的幸福」「自我の脱中心化としての幸福」といった類型を挙げることができるのではないかと思います。

「此岸的幸福」というのは、ごく一般的な幸福のことで、文字通り〝この世〟の欲望の満足のことです。美味しいものを食べられたとか、欲しいものを買えたとか。

それに対して「彼岸的幸福」は、〝この世ならぬ〟欲望の満足です。激しい恋に落ちた時なんかがそうです。この世でまさか出会えるとは思っていなかったような、理想の人に出会ってしまった思いがけない喜び。それはもはや、〝彼岸的〟と呼ばずにはいられないような幸せです。

最後の「自我の脱中心化としての幸福」とは、たとえば子どもが生まれたり、あるいは宗教的恍惚《こうこつ》体験をした時などに訪れる幸せです。

わたしたちは、普段「自分が、自分が」と、常に自我にとらわれながら生きています。だから幸福も、基本的にはこの自我の欲望が満足した時に感じるものです。

でもこの世には、むしろこの自我が溶け去ってしまうことによる幸福も存在するのです。

子どもが生まれた時、わたしたちは、世界の中心が自分から我が子へと移譲されていくのを感じることがあります。あるいは何らかの恍惚体験において、自我が世界へと溶け去っていくのを感じることがあります。

それは文字通り恍惚的な幸せです。自我の欲望が満足すると言うよりは、むしろこの自我の欲望が雲散霧消する幸せ。そんな特殊な、「自我の脱中心化」としての幸せも、確かに幸せの「本質類型」として存在しているのです。

最後に、⑤の「発生的本質」。

これは、その概念がどのようにわたしたちの生において発生するのか、その本質を明らかにすることです。

たとえば、一～二歳くらいの幼児は、「楽しい」とか「嬉しい」とかいう感情はあったとしても、「幸福」という概念はまだ十分持ち合わせていないのではないかと思います。

じゃあ、この「幸福」という概念は、わたしたちの中でどのように発生するのだろうか。そのことを、わたしたち自身の経験から取り出すのです。関心のある方は、ぜひご自身で、あるいは子どもたちと考えてみてください。「楽しい」や「嬉しい」がいくらか即時的な概念であるのに対して、「幸福」は基本的に時間性を帯びた概念と言えそうですが、そのあたりが一つの手がかりになるかもしれません。

ちなみに、この発生的本質は、厳密には「仮説」にすぎません。本質定義や本質特徴は、わたしたち自身が自らのうちで確かめることができるものですが、発生的本質は、究極的には確かめ不可能なものだからです。わたしたちは一〜二歳児に戻ることができませんから、その発生のプロセスを確実に確かめることはできないのです。時に発達心理学等の知見も参照しながら、仮説的に推論するほかありません。

でも、その上でなお、わたしたちは一定の共通了解にはたどり着けるはずです。発生的本質の解明は、本質観取にある種の深みや厚みを与えてくれるものと言えるでしょう。

以上、本質観取の方法とコツをお伝えしましたが、本章でご紹介した「価値観・感受性の交換対話」、「共通了解志向型対話（超ディベート）」、そして「本質観取」という三つの哲学対話は、どれも道徳の授業でさまざまに使えるものだと思います。ぜひ、こうした哲学対話を、「考え、議論する道徳」の授業として、多くの先生方に実践していただければ嬉しく思います。

繰り返しますが、子どもたちの力を見くびってはいけません。結論ありきの「考え、議論する道徳」の欺瞞《ぎまん》を、多くの子どもたちは見抜いています。そしてまた、右に述べてきたような「哲学対話」を、子どもたちは力強くやり抜く力を持っているのです。

その力を信じて、先生や教育関係者のみなさんには、ぜひ「哲学対話」を実践していただければと思っています。

本質観取のテーマ例

本章の最後に、道徳の授業で子どもたちと共に本質観取できるものとして、学習指導要領に記載された概念を例示しておきたいと思います。

指導要領では、「A．主として自分自身に関すること」「B．主として人との関わりに関すること」「C．主として集団や社会との関わりに関すること」「D．主として生命や自然、崇高なものとの関わりに関すること」の大きく四つの分類がなされています。以下の概念は、そのそれぞれの項目において実際に挙げられているものです。

A．主として自分自身に関すること

「よい」とは何か？
「自由」とは何か？
「責任」とは何か？
「正直」とは何か？
「誠実」とは何か？
「個性」とは何か？
「希望」とは何か？

「勇気」とは何か？

B．主として人との関わりに関すること

「思いやり」とは何か？
「友情」とは何か？
「信頼」とは何か？
「寛容」とは何か？

C．主として集団や社会との関わりに関すること

「規則」とは何か？
「公正」とは何か？
「差別」とは何か？
「正義」とは何か？
「愛」とは何か？
「国を愛する」とは何か？

D．主として生命や自然、崇高なものとの関わりに関すること
「生命」とは何か？
「美」とは何か？
「人間」とは何か？
「感動」とは何か？

「国を愛する」とは何か？

せっかくですので、この中の「国を愛する」とは何かということについて、わたしの考えを述べて本章を終えることにしたいと思います。

というのも、これは学習指導要領の内容項目としてバッチリ掲げられているものなのですが、多くの先生が、これをどう取り扱えばいいかひどく悩んでいるからです。

二〇〇六年に教育基本法が改正されましたが、その際に最も大きな争点の一つとなったのがこの「愛国心」でした。結局、改正教育基本法には「我が国と郷土を愛する」という文言が新たに入れられることになったのですが、今日、道徳科においてもこれが内容項目の一つになっていることが多くの議論を呼び続けています。

確かに、「愛国心」と言うと、「お国のために」と言って多くの人が死んでいったかつての戦争

を思い起こす人も少なくありません。そこまで露骨ではなかったとしても、一部の政治家が、「教育勅語《ちょくご》」にも実はいいことが書いてあるとか、復活させるべきだとか時折繰り返す状況を見ると、〝滅私奉公〟的な愛国心を想定している為政者も少なくないのではないかと思わされます。その意味で、「愛国心」は政治的にもイデオロギー的にも厄介《やっかい》な言葉です。まさに信念対立の温床です。

ちなみに、教育勅語は明治二三年に発布された明治天皇の勅語（言葉）で、元は井上毅《こわし》と元田《もとだ》永孚《ながざね》によって起草されたものです。太平洋戦争中には極度に神聖化されましたが、その中には「一旦緩急《イツタンカンキユウ》アレハ義勇公《ギユウコウ》ニ奉《ホウ》シ以《モツ》テ天壌無窮《テンジヨウムキユウ》ノ皇運《コウウン》ヲ扶翼《フヨク》スヘシ」という一節があり、これが、有事においては天皇（国）のために命を捧《ささ》げよと解釈されることもありました。戦後の一九四八年、教育勅語は国会でその失効が採択されました。

このような過去の歴史や、そこにさまざまなイデオロギーが絡みついている現状を踏まえると、「愛国心」とは何かについて、共通了解可能な本質観取をすることは並大抵のことではありません。

が、ここではわたしなりに、「国を愛する」とはどういうことかについて考えてみたいと思います。道徳科でこの内容項目を取り扱う先生方に、少しでもお役に立てるものになっていればと思います。

結論から言えば、近代以降において、それは、この国が「自由の相互承認」の原理に十全に則っているならば、そのかぎりにおいて、わたしはこの国を愛するという意志のことと言えるでしょう（これは「憲法パトリオティズム」と呼ばれるものに比較的近い考えと言えるかもしれません。憲法パトリオティズムについてはさまざまな議論がありますが、ご興味のある方は、ヤン＝ヴェルナー・ミュラー『憲法パトリオティズム』法政大学出版局、をぜひご参照ください）。

別言すれば、たとえば不安定な雇用、劣悪な労働環境、マイノリティへの差別など、十分な「自由」が保障されていない人たちは、「国を愛する心」など持つことはできないだろうし、また持つ必要もないということです。そんな人（子ども）たちに、公教育が「国を愛せ」と教育することは、きわめてナンセンスかつ暴力的な行為なのです。

「国を愛する」という言葉は、国家が国民に「自分を愛せ」と命じるものではなく、国家自らが、国民から愛されるに値する、すなわち「自由の相互承認」の一層の実質化を目指すものとして理解されなければならないのです。

学習指導要領に記された「国を愛する」は、現代の市民社会においては、哲学的に言って右のように解釈するのが最も妥当だろうとわたしは思います。

第4章 学校・ルールをつくり合う道徳教育

子どもたちと学校をつくる

「哲学対話」に続いて、意義ある道徳教育の実践として提案したいのが、第1章でも少しお話しした「学校・ルールをつくり合う道徳教育」です。

もう一度おさらいしておくと、道徳教育――と言うより市民教育――の基本は、「自由の相互承認」の感度を育むことを土台として、多様なモラル・価値観の持ち主たちが、互いにより自由に平和に暮らせるためのコミュニティ（市民ルール）をつくり合う経験をたっぷりと積むことにあります。

そのために、道徳教育の実践でできることは山ほどあります。

たとえば、学校のルール（校則）を見直したり、廃止したり、つくったりすること。各クラスで見直したルールを全校に持ち上げ、全校生で話し合う時間をつくったりするのもいいでしょう。いや、学校が市民社会の土台である以上、子どもたち自身による学校・ルールづくりは、むしろ積極的にやるべきです。

前にも言ったように、子どもたちにとって、ルールはまずは〝与えられるもの〟です。でも成長に応じて、彼ら彼女らは、共にルールをつくり合う市民社会の一員になるべく、少しずつその経験を積んでいく必要があるのです。

それはつまり、先生と子どもたちが、共に学校をつくり合うということです。子どもたちは来るべき市民社会の担い手です。だから学校は、子どもたちが学校づくりに関わることを通して、彼ら自身が社会のつくり手にほかならないことを、身をもって学べるようにする必要があるのです。


実を言うと、このような〝学校をつくり合う〟経験を通した市民教育は、すでに一〇〇年以上も前からさまざまに実践されているものです。

その最も先駆的な事例の一つに、アメリカのコロンビア大学ティーチャーズ・カレッジの附属学校、ホーレスマン・スクールがあります。

コロンビア大学と言えば、現代教育の礎《いしずえ》を築いたと言ってもいい教育哲学者、ジョン・デューイ（一八五九〜一九五二）のお膝元《ひざもと》。ホーレスマン・スクールの理論的支柱になったのは、その高弟ウィリアム・キルパトリック（一八七一〜一九六五）の「プロジェクト・メソッド」でした

（ちなみにデューイは、コロンビア大学赴任《ふにん》前にはシカゴ大学教授を務めており、その際、シカゴ大学附属実験学校、通称デューイ・スクールを設立しています）。

キルパトリック研究の第一人者、佐藤隆之さんは、このホーレスマン・スクールを「市民を育てる学校」と呼んでいます。「子どもたち自身が、共に学校をつくることを通して市民になる」。それが、ホーレスマン・スクールの思想および実践の本質であると言っていいのではないかと思います。

一九一七年に、この学校の市民育成担当となったロイ・W・ハッチという人物がいます。彼が市民育成担当になったこの時期から、ホーレスマン・スクールの市民教育は充実していったといいます。

佐藤さんは、このハッチの思想の本質を、“Education for Citizenship”（市民性のための教育）ではなく、“Training in Citizenship”（市民性の実践による市民性の育成）であったと紹介しています。「私たちは市民性を実践しなければ市民性を学べない」とキルパトリックは言っていますが、わたしたちはまさに、互いの「自由」を承認し調整し合う経験を十分に積んでこそ、「自由」な市民に成長することができるのです（佐藤隆之『市民を育てる学校』勁草書房、一八三〜一八四頁）。

もう一つ重要な実例を挙げておくと、いわゆる「モラルジレンマ授業」[4]で知られるローレンス・コールバーグ（一九二七〜一九八七）が理論化した、「ジャスト・コミュニティ」という実践があります。

これもまた、子どもたちや教師が、対話を通して「学校を民主的なコミュニティにする」実践です（荒木寿友『学校における対話とコミュニティの形成』三省堂、七頁）。コールバーグと言えば、前期のモラルジレンマがあまりにも有名ですが、コールバーグ研究の第一人者、荒木寿友さんによれば、後期に理論化されたこのジャスト・コミュニティの実践こそが、「コールバーグ理論の集大成ともいうべき道徳教育実践」とのことです（同、七頁）。

ジャスト・コミュニティは、一九七二年、マサチューセッツ州ケンブリッジ高校内のクラスタースクールで始められました。その最大の特徴は、教師と生徒が平等な一票を持ち、直接参加型民主主義によって学校におけるさまざまな問題を解決していく点にあります。この過程で、「生徒は正義に関する判断を発達させると同時に、他者に対する思いやりを深めていく。また、それと同時に学校コミュニティが形成されていく」のです（同、六〜七頁）。

ちなみに、教師と生徒が平等な一票を持って学校づくりを行っている学校として、アメリカのサドベリー・バレー・スクールや、この学校をモデルにつくられた日本にも複数あるサドベリースクール、和歌山県にあるきのくに子どもの村学園とその系列校などが挙げられます。

コールバーグのジャスト・コミュニティの実践は、モラルジレンマ授業に比べればその実践例が圧倒的に少ないのが現状ですが、今日の道徳教育の金字塔を築いたコールバーグが行き着いた先が、学校を対話を通してより民主的なコミュニティにする実践であったことについては、心に留めておいていいのではないかとわたしは思います。

「学活」とは何が違う？

「なるほど、学校・ルールづくりの経験は、確かに意義ある教育実践であるに違いない。でもそんな実践は、本来学活（学級活動）でやることであって、道徳科でやるべきことではないのではないか？」

そう思われる先生もいるかもしれません。実際、前にも言ったように、わたしのゼミの学生が教育実習でルールをつくり合う道徳の授業をしたところ、管理職からそのように叱責されたことがありました。「今日の道徳の授業は学活のようだった」という言葉は、学校現場でしばしば耳にするものですが、これもたいていは批判的なニュアンスを帯びているものです。

（4）たとえば、救命ボートから転落した人を、助かった者の命を危険にさらしてまで救出するべきか否か、といった、道徳的葛藤を呼び起こす資料をもとに子どもたちが対話をし、その過程で道徳的発達段階を少しずつ向上させていくよう促す道徳教育実践。

道徳科と学活の違いは、一般に次のように説明されます。道徳科の目標が主として道徳性を養うことであるのに対して、学活の目標は主に学級に関する課題を解決することである、と。目標が異なる以上、両者の教育は区別されなければならない。そうしばしば言われます。

でも、これは非常におかしな話です。というのも、子どもたちは、学級の課題を共に解決する経験をたっぷり積むことでこそ、道徳性——相互承認の感度——が育まれるはずだからです。キルパトリックが言うように、「私たちは市民性を実践しなければ市民性を学べない」のであり、コールバーグが言うように、「学校を民主的なコミュニティにする」経験を通してこそ、道徳性は存分に育まれるはずなのです。

さらに学習指導要領には、先にも言ったように、これからの道徳教育のあり方として「問題解決的な学習」が明示されています。もっと言えば、「道徳教育の全体計画の作成に当たっては〔中略〕特別活動（学活を含みます——引用者）における指導の内容及び時期並びに家庭や地域社会との連携の方法を示すこと」とも記されているのです。

さらにもうひと押ししておくと、二〇二〇年度（中学校は二〇二一年度）完全実施の新学習指導要領は、一つの目玉に「カリキュラム・マネジメント」を掲げていますが、その核の一つは、カリキュラムを「教科等横断的な視点で組み立てていくこと」としています。道徳科は、学活ばかりか、総合的な学習の時間も、各教科も、あらゆる〝教科等〟をどんどん横断して進めていけばいいのです。

道徳と学活は峻別すべしという、学校でよく聞かれる言葉は、本末の転倒した考えなのです。この根深い慣習から、早く脱したいものだと思っています。

ブラック校則は何のため？

さて、ところが前にも述べたように、学校にはおよそ市民社会とは縁遠いようなルールがたくさんあります。

一時期、メディアでも「ブラック校則」が話題になりました。髪型、スカートの丈、ソックスの長さ、持ち物の規定などはかなり一般的なようですが、暑くてもあおいではいけないとか、マフラー禁止とかいった校則もあるそうです。一部の学校では、茶髪の生徒が生まれつき茶髪であるかどうかを確認するため、「地毛証明」を提出させるなどという人権侵害さえまかり通っている始末です（人権侵害という強い言葉を用いるのは、この行為が、日本人〔人間？〕としてのあるべき髪の毛の色を定める選別的発想に基づくものだからです）。

これらの校則は、一体何のためにあるのでしょうか？

多くの場合、ただ長年の慣習が見直されることなく続いてきたのだと思いますが、同時に、その深層には、子どもたちを統制し、管理しやすくするためという動機が潜《ひそ》んでいるのではないかとわたしは思います。

いや、それは子どもたちの身を守るためなのだ、なんていう声も時折聞きます。マフラーが自転車などにからまったら危ないからとか、服装や頭髪が乱れれば風紀が乱れるからとかいった理由です。

校則をなくせば風紀が乱れるというよくある意見については、実は真逆の実例がいくつもあるのですが、(5)百歩譲って、細かな校則は子どもたちの安全を守るためだという言い分を認めたとしましょう。

でも、それにもやはり限度があるはずです。

改めて、そもそも学校は何のためにあるのか、そして、ルールは何のためにあるのかを考えたいと思います。

学校は、子どもたちに「自由の相互承認」の感度を育むことを土台にして、すべての子どもたちが「自由」になるための力を育むためのものです。そしてルールは、すべての人たちが、できるだけ「自由」に生きられるようになるためにつくり合うものです。

右に挙げた校則は、この学校およびルールの本質を、ちゃんと満たしていると言えるでしょうか？

あれをしろ、これをしろ、あれをするな、これをするな。……そう言われ続けて育った子どもたちは、誰かの命令に従うだけの、自分では何も考えない大人に育ってしまうかもしれません。危ないから、と言ってさまざまなことを禁止されてばかりいたら、自ら危険を察知し、回避する経験を積むこともできません。

理不尽なルールを与えられた子どもたちは、もちろん反発もするでしょう。でも、そんな中で長い時間を過ごせば、言葉を選ばず言えば〝飼い馴らされ〟、とりあえず上から与えられたルールに従っておけば楽、なんていう感性を身につけたりもするかもしれません。他者に対しても、あれをしろ、これをするなとばかり言って、他者の「自由」を認められない大人になってしまうかもしれません。

ミシェル・フーコーという二〇世紀フランスの哲学者は、学校は子どもたちを権力に従順にする装置であると言いました。校則、制服、号令、テスト……。あらゆる仕掛けを使って、学校は子どもたちを権力に都合のいい規律に従うよう訓練しているのだと（『監獄の誕生』）。

（5）たとえば、かつては「荒れた学校」で、教師もそれを力で押さえつける指導をしていたという世田谷区立桜丘中学校は、二〇一〇年に校長に就任した西郷孝彦校長が、徐々に校則を全廃、「生徒が三年間楽しく過ごせる学校」を目標に学校づくりを行うことで、今ではいじめが激減、校内暴力も消え、学力も区のトップレベルになりました。ご興味のある方は、インターネット等で調べていただければと思います。

わたしは総体的にはフーコーの哲学には批判的なのですが、それでもなお、この告発には一定の説得力があるように思います。多くの学校において、まさに校則とは、子どもたちの「自由」を縛り、教師が集団を「管理」しやすくするためのものになってしまっているのです。

でも、それはやっぱり、子どもたちの「自由」を実質化する学校教育の本来の使命から遠く隔たったことと言わざるをえません。

「無言清掃」「無言給食」？

先にも触れたジョン・デューイは、民主主義にとって最も重要なのは、一人ひとりの自由な関心に基づく探究と、自由なコミュニケーションであると言いました。この二つのない社会は、全体主義の社会です。だから学校もまた、これらを土台にしなければならないのだと（『民主主義と教育』）。

でも、今の多くの学校の現状はどうでしょう？

まず自由なコミュニケーションについて言うと、「主体的・対話的で深い学び」が言われるようになった今でさえ、「黙って座って先生の話を聞く」授業は、多くの学校でまだまだ根深く見られます。「無言清掃」や「無言給食」などが行われている学校もたくさんあります。

そんな環境の中で、子どもたちは、コミュニケーションの仕方を十分に学び「相互承認」の感度を育むことができるでしょうか？

何が何でも絶対にダメ、とは言いません。でも、少なくともわたしたちは、たとえば「無言清掃」や「無言給食」が一体何のためになされているのか、子どもたちと共に定期的に問い直す必要があるはずです。

分刻みで動かなければならない学校の先生にとって、子どもたちが掃除や給食の時間にダラダラおしゃべりして過ごしていては、時間がいくらあっても足りないという本音は分かります。でもそんな理由で、わたしたちは子どもたちのコミュニケーションの機会を奪ってしまってもいいのでしょうか。

目的と手段を、取り違えないようにしたいと思います。学校教育の根本使命は、子どもたちの「自由」とその「相互承認」の感度を育むことです。この目的のために、学校は何をするべきか。何をしないべきか。わたしたちは常にそのように考える必要があるのです。

時間に余裕がないのであれば、どうすれば余裕をつくれるかを考えたいものです。もしかしたら、掃除をする日を減らしてみてもいいかもしれません。別の余計な時間を見つけて、そちらを削ってみる必要もあるかもしれません。

「無言清掃」は、黙って精神を統一し、自分と向き合う時間、という側面もあるそうです。それはそれでいいでしょう。でも、ただでさえ少ない子どもたち同士のコミュニケーションの時間を奪ってまで、そのような時間を設ける必要があるのかどうか、わたしたちはやっぱり、定期的に問い直す必要があるのではないかと思います。

「ただでさえ少ない子どもたち同士のコミュニケーション」。そうわたしは言いました。これについては、「ほんとうかな?」と思われた方もいるかと思います。確かに、学校をのぞいてみると、いたるところから子どもたちの声が聞こえてきます。一見、豊富なコミュニケーションがなされているように思えます。

でも、みなさんもちょっと思い出してみてください。学校に行った時、コミュニケーションをとるのは、クラスの中の実はごく一部の友達だけだったのではないでしょうか?

「黙って、座って、先生の話を聞いて、ノートを取る」のが主流で、「協同的な学び」や「探究(プロジェクト)型の学び」がまだ十分になされていない学校では、こうしたことが起こります。友達とコミュニケーションができるのは、休み時間や部活の時間などにかぎられます。「仲よしグループ」だけでそのほとんどを過ごすことになるのは、ある意味では当然のことなのです。

ちなみに、給食や清掃を含む「特別活動」の目標について、新学習指導要領には「多様な他者との協働」が挙げられています。給食については、学校給食法に「明るい社交性及び協同の精神を養う」とあります。無言清掃・無言給食は、少し大げさに言えば、これらに抵触する可能性があるとも言えるかもしれません。

熊本市教育長の遠藤洋路《ひろみち》さんは次のように言っています。「新指導要領では、学校活動の前提が『同質の集団』ではなく『多様な他者』であることがより明確になった。無言清掃・無言給食に限らず、学校活動全体が、同質集団を前提とした『無言の圧力』を助長するものになっていないか厳しく見直す必要がある」と（熊本日日新聞二〇一八年一二月一二日夕刊）。

「決められたことを、決められた通りに」の問題

デューイの言う、一人ひとりの自由な関心に基づく探究についてはどうでしょう？

日本の学校のカリキュラムは、今なお、「決められたことを、決められた通りに、みんなで同じペースで学ぶ」ものとしてつくられています。多くのヨーロッパの国々が、はっきりと「探究（プロジェクト）型の学び」への方向転換を打ち出しているのに比べると、周回遅れの感がありま す。

これからの時代に特に重要なのは――ほんとうは何もこれからの時代にかぎった話ではないのですが――自分（たち）なりの問いを立て、自分（たち）なりの仕方で、自分（たち）なりの答えを見出していく、そんな豊かな「探究」の経験です（詳細は、拙著『教育の力』講談社現代新書、や『「学校」をつくり直す』河出新書、をご参照いただければ幸いです）。

変化が激しく、かつての正解が正解ではなくなってしまった現代社会において、これは特に大

事な経験です。もはや言われ尽くしたことですが、いい学校に行き、いい大学に行き、いい会社に入れば幸せになれるというストーリーは、今ではほとんど崩壊しています。いつ会社がつぶれるか分からないし、いつリストラされてしまうかも分かりません。幸せになるための、決まった道があるわけではないのです。社会も、格差問題やエネルギー問題、テロリズム問題等、人類がこれまでに経験したことのない問題にあふれています。

そんな時代にあっては、子どもたちは、これまで正解とされてきたことばかり学ぶのではなく、自分たち自身で問いを立て、そしてそれに答えていく経験を、たっぷり保障される必要があるはずです。

でも、日本の子どもたちの多くは、今なお出来合いの問いと答えを中心に勉強させられて、そもそも自分で問いを立てるという経験すら十分に保障されていないのが現状です。そんな経験が不足したまま成長した大人が、この市民社会の成熟した成員になれるものか、わたしはちょっと心もとなく思います。

自分で問いを立て、それに答える力が十分育まれないだけではありません。決められたことだけやっていればいい、社会は誰かエラい人たちが動かしてくれたらいい。そんなふうに考える子どもたちを、わたしたちは育ててしまっているかもしれません。

一〇〇年以上も前に、デューイは「協同的な学び」や「探究型の学び」を提言し、先述したデユーイ・スクールにおいて自ら実践しました。それは何よりもまず、子どもたちのうちに市民社会の担い手としての精神を育んでいくため、つまり、「自由」とその「相互承認」を実質化するためでした。自由なコミュニケーションと自由な探究を通して、学校やクラスを自分たちの手でつくり合っていくこと。それは、「協同」や「探究」の最も基本的な経験にほかなりません（次章では、道徳教育を文字通り「探究（プロジェクト）型の学び」へと転換していく、「プロジェクトとしての道徳教育」について論じます）。

子どもたちがつくった「スマホルール」

ここで、子どもたち自身がつくった学校ルールの実例についてお話ししたいと思います。

わたしが熊本大学教育学部に赴任したばかりだった二〇一四年、熊本市立江南《こうなん》中学校の子どもたちがつくった「スマホルール」が、教育界で注目を集めました。今では各地の少なくない公立学校で似たような実践が行われていますが、これはその最初期の例だったのではないかと思います。

度重なる議論の末、子どもたちは次のようなルールをつくりました。「江南ルール」と呼ばれています。ルールづくりに当たって、教師はほとんど口を挟まなかったそうです。

ルール1　健康を守ろう

（1）一〇時以降は、情報通信をしない

（2）寝るときは、極力電源を切って、返信や投稿をしない

ルール2　友情を守ろう

（1）見た人が傷ついたり不愉快に感じたりする言葉は使わない

（2）悪意のあるグループをつくらない・入らない

（3）相手の身になって考える

ルール3　プライバシーを守ろう

（1）個人情報をネットに載せない（画像・氏名など）

（2）誰にでも見せられる情報・言葉しか書き込まない

（3）知らない人からの書き込みは無視する

多くの自治体や学校が、「夜九時以降はスマホを使わない」などのルールを策定していますが、一方的に与えられたルールには、子どもたちもあまり従いたくないものです。でも前にも言った

ように、自分たちで合意してつくったルールであれば、それを守ろうという動機も生まれるのです。それがお互いの「自由」を守るためのものであることを、子どもたちはしっかり理解しているからです。

こうした機会を、道徳教育においてはたっぷりふんだんに整えたい。そう思います。繰り返しますが、ルールをつくり合うことは、「自由の相互承認」を理解するための最も重要な経験であるからです。その過程で、子どもたちは、お互いの自由を認めつつ、その自由を調整し合う経験を積んでいくのです。

私事で大変恐縮ですが、この「江南ルール」をわたしに教えてくださったのは、情報モラル教育の第一人者だった熊本出身の故・桑崎《くわさき》剛《つよし》先生でした。わたしが熊本に移り住むことが決まってから、桑崎先生は県内の多くの教育関係者にわたしの著作等を喧伝《けんでん》してくださいました。〝よそ者〟だったわたしが、あっという間に熊本の学校教育界になじんでいくことができたのは、ひとえに桑崎先生のおかげです。心からの感謝と共に、その早すぎるご逝去を悼《いた》み、ご冥福をお祈りいたします。

ルールづくりの難しさ

さて、ところがこの〝ルールをつくり合う〟ということ、実は意外に、とても難しいことなのです。

特に小学生くらいの子どもたちにとって、最も許しがたい仲間の行為は何かと言えば、ダントツで〝ズルい〟ことです。「あの子ばっかり先生に好かれてズルい」「わたしはやりたい係になれなかったのに、あの子は自分の好きな係になれてズルい」「あの子ばっかりリーダーになってズルい」……。本来〝ズルい〟とは言えないことも、子どもたちの目にはちょっとした差が〝ズルい〟ことと映ります。

だから、ルールをつくり合おうと子どもたちに言うと、そうした〝ズルさ〟を一つひとつつぶしにかかるような、瑣末《さまつ》なルールを提案し始めることが多々あるのです。「授業中に手を挙げていいのは三回まで」「一年に一回は、やりたくない係をする」「リーダーは順番こ」といった具合です。その結果、クラスはたくさんのルールでがんじがらめになってしまいます。

そんな時こそ、ルールは一体何のためにあるのか、子どもたちと改めて考えるチャンスです。ルールはわたしたちが「自由」になるためのもの。だから、余計なルールはむしろなくしてしまった方がいい。

子どもたち自身がルールをつくり、でもそのことが、自分たちの首を余計に絞《し》めるという経験を積んでこそ、子どもたちはそのことを身をもって学ぶことができるでしょう。

避けたいのは、子どもたちが、自分たちのつくったルールでがんじがらめになっている状況にもかかわらず、「それは自分たちで決めたことでしょ」と先生が放置してしまうことです。これでは、ルールをつくり合うことの意義を感じられるはずがありません。

ルールをなくす、減らすということもまた、学校・ルールをつくり合う道徳教育（市民教育）の大事なポイントなのです。

「自由」を行使する経験を

以上のように、道徳科の授業では、折に触れてさまざまなルールを見直したりつくり合ったりする機会をたっぷりと持つことを提案したいと思います。

小学校低学年でも十分に可能です。中学生にもなれば、学校生活のかなりの部分を子どもたちに任せたっていい。

「でもうちの学校は無理」という声を、残念ですが時折聞きます。「それは優秀な学校の子どもたちだからできることでしょ」と。

確かに、そういうことを言われる先生の学校では無理だろうなと正直思います。生徒を信頼せずに、一体どうやって子どもたちと一緒に学校をつくっていくことなどできるでしょうか。

そんなことを言う先生は、ただ経験がないだけなのだとわたしは思います。子どもたちが、どれだけ主体性と協同性にすぐれた存在であるか、十分に味わった経験が。子どもたちは、規律を与え、教師の思い通りに動かさなければならないと、そうした先生は思い込んでしまっているのかもしれません。

でもそんなことはありません。「哲学対話」で、子どもたちがどれだけ深いところにまでたどり着けるかを、ぜひ思い起こしていただきたいと思います。何も特別な子どもたちにしかできないことではありません。子どもたちは、自由な関心に基づく探究と自由なコミュニケーションを保障され、そしてそれを学校や先生にしっかりサポートされたなら、わたしたちが想像している以上の主体性や思考力や協同の力を発揮するのです。

そして、改めて思い起こしたいと思います。学校は、そして教師は何のために存在しているのかを。

それは、子どもたちを統率し思い通りに動かすためではありません。「自由の相互承認」の感度を育むことを土台に、「自由」になるための力を育むためです。そしてその力は、ある程度の「自由」のないところでは育めないものなのです。

何もかもを、完全に自由にすべきだと言っているわけではありません。公教育の本質は、「自由」な教育と言うよりは、「自由」になるための教育と言ったほうが正確です。でも、まさに

「自由」になる、「自由」に生きるとはどういうことかを知るためにこそ、子どもたちは、自身の「自由」がある程度保障された中で、その「自由」を行使しながら、そしてそれを相互に調整する経験をたっぷり積みながら成長していく必要があるのです。

もちろん、統制・統率の厳しい学校が、いきなり子どもたちに学校・ルールづくりを任せるのは難しいでしょう。子どもたちにも先生たち自身にも、その経験があまりに不足しているからです。そんなことをしたら無法地帯になってしまうのではないか。そう恐れる気持ちも分かります。

だから、焦らず一歩ずつ、学校や学級、またルールをつくり合う教育に向かっていきたいとわたしは思います。少しずつ少しずつ、子どもたちの自治の領分を増やしていくといいでしょう。その塩梅《あんばい》を、ぜひ先生自身に、そして子どもたちと共に、試行錯誤していただきたいと思っています。

第5章　プロジェクトとしての道徳教育

自分なりの問いを立てる

「哲学対話」、「学校・ルールをつくり合う道徳教育」に続いて、最後に提案したいのが「プロジェクトとしての道徳教育」です。

出来合いの問いと答えばかり学ぶ学びではなく、子どもたち自身が、自分たちなりの問いを立て、自分たちなりの仕方で、自分たちなりの答えにたどり着く、そんな「探究（プロジェクト）型の学び」。それが「プロジェクトとしての道徳教育」です。(6)

先述したように、これからの学校教育は、明治以来の「言われたことを、言われた通りに」「みんなで同じことを、同じペースで」の教育から、大きく脱却していかなければなりません。複雑で激しい変化の時代を生きる、そして二一世紀まで生きる今の子どもたちは、お仕着せの問いと答えばかり学ぶような教育ではなく、「プロジェクト型の学び」を中核とした教育の機会をもっともっと保障される必要があるのです。

「プロジェクト型の学び」にはさまざまなスタイルがありますが、共通して大事なことは、あるテーマ――これは場合によっては先生が用意してもいいですし、子どもたちの発達段階等に応じて、子どもたち自身が選択・決定してもいい――について、子どもたちが自ら「問い」を立てるということです。

たとえば、道徳の授業で「死刑制度」をプロジェクトテーマに設定したとしましょう。

このテーマについての問いは、おそらく無数に立つはずです。たとえば、

死刑の歴史を知る。
死刑は人権侵害か？
死刑と終身刑の違いあれこれ。

（６）ここで言う「探究」と「プロジェクト」は、基本的には同義のものと考えていただいて構いません。ただ専門的には、「探究」は、興味・関心や問題状況等に応じて、その興味・関心を満たしたり問題を解決したりするような学びのプロセスそれ自体のこと、「プロジェクト」は、その学びのプロセスにおいて取り組まれる、具体的な課題のことと言えます。道徳的テーマの「探究」のために、「死刑」について調べ考える「プロジェクト」を行う、といった具合です。

死刑制度のある国はどこか？　廃止した国はどこか？

……など。

こうした問いを、子どもたち自身が立て、それに個人あるいはチームで挑みます。数週間から、場合によっては数ヶ月以上かけてもいいでしょう。そうして最後に、その成果を互いに発表し、議論し合うのです。

「プロジェクト型の学び」には、道徳的な観点からと言うより、子どもたちの実りある学びの観点から言って、大きく三つの意義があります。

まずは、子どもたちが「問いの立て方を学ぶ」ということです。

自分たちで問いを立てる経験を積んでいくと、「意義のある問いとは何か」もまた学んでいくことになります。

その過程で、たくさん失敗もするでしょう。「ああ、この問いはインターネットで調べればすぐに分かってしまうレベルのものだったな」とか、「この問いは結局どこにも行き着かない問いだったな」とか。

でもそうした失敗もまた、とても大事な経験です。失敗を重ねることで、子どもたちは問うに値する問いは何かもまた学んでいくのです。

右の例で言えば、「死刑制度のある国はどこか?」といった問いは、調べればすぐに分かってしまうようなものです。何週間もかけて探究するほどのものではないでしょう。

それに対して、「死刑は人権侵害か?」は、一ヶ月以上かけて問うに値する問いかもしれません。

子どもたちは、まず自分たちでとことん「考え、議論する」でしょう。それから、さまざまな文献を調査する。法律家や哲学者にインタビューに行く。犯罪被害者の人たちに会いに行く……。そうしたさまざまな探究の末に、子どもたちはさしあたっての自分たちなりの〝答え〟を見出していくのです。

学び方を学ぶ

「プロジェクト型の学び」の二つ目の意義は、子どもたちが「学び方それ自体を学ぶ」ことにあります。

自分の立てた問いに答えるために、子どもたちはありとあらゆる手を尽くします。前述したように、ネットで調べる、文献を読み漁《あさ》る、専門家にインタビューをする……。そうしたさまざまな経験を通して、学び方それ自体を学んでいくのです。

その過程で、子どもたちはきっと、「学ぶ」というのは、何も「黙って、座って、先生の話を聞いて、ノートを取る」ことばかりじゃないんだということに気がつくはずです。「言われたことを、言われた通りに」ばかりではないんだと気がつくはずです。

そう、「学ぶ」とは、まさにありとあらゆる手を尽くして「探究する」ことにほかならないのです。授業を聞いたり出来合いの問いと答えを学んだりすることは、「学ぶこと」「勉強すること」の、ごく一部にすぎないのです。

それゆえ、「プロジェクト型の学び」は必然的に教科の枠組みを超えた学びになります。「死刑制度」というテーマは、もちろん「道徳科」のテーマになりうるでしょう。でも、その歴史を問えば社会科にもつながるし、死刑と終身刑の違いについて、たとえばかかる費用の違いなどに着目すれば、算数などにもつながるかもしれません。死刑を廃止した国、あるいは存続している国の人にインタビューなどをすれば、外国語の学びにもつながるでしょう。

わたしが、「これからの学校は探究（プロジェクト）をカリキュラムの中核に」と主張する一つのポイントは、まさにここにあります。

「学び」というものは、わたしたちの興味・関心や必要に応じて展開する時、最も深く、そして遠くまで達するものです。社会人が学ぶのは、多くの場合、知りたいことや解かなければならい問題があるからです。そしてその過程で、わたしたちは文字通り、ありとあらゆる手を尽くしてその問題を解決します。わたしたち大人は、あらかじめ決められた教科の内容に従ってのみ勉強するわけではないのです。

でも学校は、あらかじめ決められたカリキュラムに沿って勉強を進める割合があまりに大きい。そんな環境の中では、学びの動機もなかなか生まれにくいものです。

だからわたしたちは、そんな学校のカリキュラムを、もっとプロジェクト中心のものに変えていく必要がある。そうすれば、子どもたちは「何でこんなこと勉強しなきゃいけないの？」という疑問に今ほど苦しめられることなく、さまざまな教科の知識や技能を、自身の「探究」の中で学んでいけるようにもなるでしょう。そして何より、自ら問いを立てそれを力強く解き明かす、「探究する力」を育むことができるでしょう。

と、こんなことを言うと、「そんな学びで教科書を全部教えられるの？」とか、「学習指導要領を押さえられるの？」とかいった疑問が出されます。

詳しくは拙著『「学校」をつくり直す』をご参照いただければと思いますが、テクニカルな話をすれば、今の学習指導要領の制限の中であっても、実は「探究（プロジェクト）」を中核としたカリキュラムをつくることは十分に可能です。個人的な話で恐縮ですが、わたしが今仲間たちとつくっている幼・小・中「混在」校、軽井沢風越学園《かざこし》（二〇二〇年開校予定）もまた、学習指導要領にもちろん準拠しつつも、カリキュラムの中核は「探究（プロジェクト）」です。時間で言うと、学校での学びの七割から八割程度を「探究（プロジェクト）」にしたいと考えています。プロジェクトをカリキュラムの中核にした小・中・高校は、ほかにも国内外にたくさんあります。

ただ、それ以上に、今後学習指導要領等もラディカルに変わっていくに違いないということを、ここでは明言しておきたいと思います。ゆくゆくは、お仕着せの学習内容はもっと精選されていくはずです。そして学校での学びの中核は「探究」になっていくはずです。そうしていくべきだと思います。

わたしの見るところ、文部科学省をはじめ、〝国〟も今その方向に舵《かじ》を切ろうとしています。繰り返し述べてきたように、特にこれからの時代に子どもたちに育まなければならないのは、「言われたことを言われた通りに学ぶ」こと以上に「探究する力」であることを、〝国〟も十分に自覚しているのです。

〝知の交換〟を通した相互触発

「プロジェクト型の学び」の三つ目の意義は、〝知の交換〟を通した相互触発です。

子どもたちは、個人やチームで探究して得られた成果、その知見を、ほかの子どもたちに発表し、議論し合います。時には全校生の前でプレゼンしてもいいかもしれません。保護者や地域の人たちに向けて発表する機会があってもいいでしょう。

お互いの発表に接することで、子どもたちは、自分（たちのチーム）では考えもしなかったような問いや知見を知ることになるでしょう。そしてそれは、また新たな探究のきっかけや刺激になります。次はもっとこんな探究をしたい、次はあのチームとコラボして探究を深めたい。そんな知の創発が起こるかもしれません。

一人で黙々と机に向かって勉強するだけが学びではないのです。学びとは、必要に応じて人の力を借りたり、人に力を貸したり、相互触発したりしながら深められていくものなのです。

プレゼンの仕方も、人やチームによってさまざまな創意工夫がなされるはずです。模造紙やパワーポイントなどを使った単純なプレゼンの場合もあれば、お芝居をつくったり、歌をつくったり、工作品をつくったりする場合もあるでしょう。本格的な論文を仕上げる子どももいるかもしれません。自分たちの探究成果を示すのにふさわしい方法、また自分たちの得意なことを活かした方法で、子どもたちはその成果を交換し合うのです。

その過程で、表現の相互触発も起こるはずです。彼はまるでＴＥＤトークのスピーカーのようなプレゼン技術を持ってるんだなぁ、とか、まさかこんな大作芝居をつくるなんて、とかいったように。

「道徳教育の理論と実践」という大学の授業で、わたしは毎年、一五〇人くらいの受講生たちに「プロジェクトとしての道徳教育」を体験してもらっています。彼らが学校現場に出た時に、「プロジェクトとしての道徳教育」を存分に実践してもらえるよう、たっぷり経験を積んでもらいたいと考えてのことです。毎年多くのフィードバックをもらいながら、年々ブラッシュアップさせていきたいと試行錯誤しています。

彼らが選ぶテーマはさまざまです。わたしがいくつか用意して、その中から選ぶチームもあれば、自分たちでテーマを設定する学生たちもいます。

一例を挙げると、先ほどの例にも出した「死刑制度」や「脳死臓器移植」「ＬＧＢＴＱ」「遺伝子操作」「そもそも道徳とは何か」「宗教と道徳」「テロリズム」など。

その「プロジェクトとしての道徳教育」のプレゼンで、ある年ものすごい大作芝居をつくってきたチームがありました。

彼らが立てた問いは、「ＡＩ（人工知能）時代の人権とは？」

Society《ソサエティ》 5.0[7]とも言われるこれからの未知の時代において、人間存在や人権の概念はどう変わっていくのかを、古代から近未来までを舞台にして彼らは壮大に描き出しました。オリジナルのラップあり、プラトンなど実在の哲学者たち同士の架空の議論ありと、何とも独創性に富んだお芝居でした。

ＡＩの爆発的な進化によって、今後人類は、ＡＩを使いこなすクリエイティブな一部の層と、ＡＩに取って代わられる層とに分かれてしまうかもしれない。その時わたしたちは、差別的な選別思想がはびこらないよう、人権概念をより明確化する必要があるだろう。「働かざる者食うべからず」ではなく、「働かざる者もまた、健康で幸せに生きられるべし」と。時空を超えた、抽象度の高いなかなか難解なお芝居でしたが、彼らはおおむねこんな結論にたどり着いたようでした。

このプレゼン（上演）のために、彼らは一ヶ月の間、寝る間も惜しんで多くの本を読み、議論し、脚本をつくり、練習を繰り返したそうです。大喝采《かっさい》のうちに舞台を終えた彼らは、打ち上げにぜひ来てほしいとわたしを誘ってくれました。

その日は朝まで彼らと飲み語りました。彼らの探究は上演後も続き、いつまでも止まらない議論を、わたしに次々と吹っかけてきてくれたのでした。

（7）Society 1.0は狩猟社会、2.0は農耕社会、3.0は工業社会、4.0は情報社会、そして5.0は、ＩｏＴ（Internet of Things）ですべての人とモノがつながり、人工知能（ＡＩ）により必要な情報が必要な時に提供されるようになる社会と言われています。

大学時代を通して、ようやく、これが学びだったのか、探究ということだったのかということが分かった、と彼らは言っていました。この授業では、プロジェクトチームは各自が関心のあるテーマごとに分かれてつくるものだったので、彼らはもともと友達であったわけでも、同じ学科だったわけでもないのですが、一ヶ月のプロジェクトを終えた今や、何やら深いところで絆《きずな》ができあがっていたようでした。

この授業は、わたし自身にとっても「探究」そのものです。受講生が一五〇人もいるので、彼ら一人ひとりのプロジェクトを十分にサポートするのはとても難しく、毎年反省が尽きません。そんな環境の中で、どうすればみんなにとって実りある探究ができるか、文字通り「探究」する日々を送っています。

「共同探究者」としての教師

「探究型の学び」においては、当然ながら教師の役割もこれまでとは変わってきます。

出来合いの問いと答えを学ぶ学びでは、生徒が先生の頭の中にある〝答え〟を取りに行くのが基本です。でも「探究型の学び」では、多くの場合、子どもたちは先生も知らないような問いを立てることになるのです。

先ほど例に挙げた「死刑の歴史」も、「死刑は人権侵害か？」も、「死刑と終身刑の費用の違い」も、その〝答え〟を即座に答えられる先生はほとんどいないのではないかと思います。「死刑は人権侵害か？」のように、そもそも絶対の答えのない問いもたくさん立てられるでしょう。

でも、それでまったく問題ありません。なぜなら、それこそがいわば真性な学びにほかならないからです。あらかじめ答えの決まった学びなど、学びのごく一部にすぎません。

ですから「プロジェクト型の学び」においては、教師は子どもたちの〝共同探究者〟あるいは〝探究支援者〟になる必要があるのです。出来合いの答えを教えるプロである以上に、教師は、子どもたち自身の探究を支援できるプロである必要があるのです。

教師にとっては、子どもたちが「探究」に没頭している姿を見たり、それをとことんサポートしたりすることは、きっととんでもなくワクワクすることです。そんな「プロジェクト」を核にしたカリキュラム、その一環としての「プロジェクトとしての道徳教育」を、先生方にはぜひ実践していただければと思っています。


ちなみに、わたし自身が「探究する学生たち」と付き合う際に意識しているのは、とにかく彼らの力を「信頼して、任せて、支える」ことです。

学生たちの多くは、まさに「言われたことを言われた通り」の勉強を続けてきて、これまで自分でプロジェクトを企画実行した経験などほとんどありません。だから最初はとても戸惑うし、何でもかんでも指示を求めてくることもあるし、トンチンカンな問いを立てることも少なくありません。それでも、半年、一年とさまざまな探究（プロジェクト）経験を積んだ彼らの多くは、立派な探究者に成長するのを実感しています。そんな姿を、わたしはこれまで数多く目の当たりにしてきました。

先ほど、「学校・ルールづくりなんてうちの生徒たちには無理」と言う先生の話をしましたが、「うちの生徒にはプロジェクトなんて無理」と言う先生もたくさんいます。「それは優秀な特別な生徒たちの話でしょ？」と。

本当に悲しいことだと思います。わたしたちは、子どもにせよ大学生にせよ、いつまでもそう言って、自らの問いに自ら答え抜く探究の経験が不足したまま社会に送り出してしまっていいのでしょうか。

——と、そうは言いつつも、実はわたし自身、学生たちのよき「共同探究者」「探究支援者」であろうと努めながらも、自分の力不足を日々反省しています。先ほども言ったように、一五〇人もいる授業では、学生たちの十分な探究支援ができているか少し心もとなくもあります。また、少なくない教育学部の学生たちは、「言われたことを言われた通りに」の学校文化にある意味で最も適応してきた若者たちだったりもしますので、そんな彼らが、どうすれば学びは与えられるものじゃなく自ら取りに行くものなのだというマインドを得られるだろうかと、とても悩んでしまうことがあるのです。

でも、それでもやはり、彼らの多くは、信頼して、任せて、支えれば、立派な探究者になるという手応えを、わたしはこれまでの経験を通して実感しています。だから大学は、そんな彼らの探究を全力で支え、促進できる場でありたいと思います。わたしにできることは、学生たちに、学びというのは「探究」にほかならないのだということ、教師はそのために活用・利用される存在であること、だからとことん活用し尽くしてほしいということを、伝え続けることだろうと考えています。そしてまた、哲学者・教育学者としてのわたしが、こんなにも楽しく自らの探究・研究に打ち込んでいる姿を示すことも通して、少しでも学生たちの探究心に火をつけられたらと思っています。

そう、「プロジェクト型の学び」を遂行するためには、まさに教師自身が「探究者」でなければなりません。自分なりの問いを持ち、その答えを追い求め続ける、飽くなき「探究者」である必要があるのです。

本書の主題からは少しそれますが、そのためにも、先生自身が余裕をもってさまざまな探究に打ち込む時間を確保できない学校現場の問題は、一刻も早く解決すべきです（内田良・苫野一徳『みらいの教育――学校現場をブラックからワクワクへ変える』武久出版、参照）。加えて、「決められたことを決められた通りに学ぶ」が今なお主流の教員養成のあり方の抜本改革もまた、ついでながら訴えておきたいと思います（その具体的な改革案については、拙著『「学校」をつくり直す』をご参照いただければ幸いです）。

地域の課題解決プロジェクト

ところで、新学習指導要領には「社会に開かれた教育課程」という重要なキーワードがあります。

この言葉には、これからの社会の担い手となる子どもたちに、一体何がほんとうに必要なことなのかを考えてカリキュラムを編成する、という意味に加えて、各学校が、その地域の中で、さまざまな人と連携して教育を行っていくという意味もあります。

その意味では、各学校が、カリキュラムの中核に地域のさまざまな（道徳的・倫理的）課題に取り組むプロジェクトを据えていくことも可能だろうと思います。いや、むしろ積極的にどんどん行っていくべきです。

たとえば、地域のゴミ捨てルール違反問題をどう解決するかとか、市の子育て支援は十分なのかを検討するとか、少子化のために取りざたされている学校統廃合問題をどうするかとか。

都市部、農村部を問わず、地域の課題は無数にあります。そうしたさまざまな問題に、子どもたち自身が積極的に関わって「考え、議論する」。そしてその上で、解決策を考え合う。そんな道徳教育も、大いにやっていきたいものだと思います。

ある先生から聞いた話ですが、ある小学校の「総合的な学習の時間」の際、子どもたちが自分の町にある危険な場所をいくつも見つけ出し、その改善を市役所まで直《じか》談判しにいったことがあったそうです。特に車椅子の人にとって危険な段差等が数多くあり、一刻も早い工事を要求したそうです。が、「そんな予算はない」とけんもほろろに突き返されたとのこと。子どもたちは発表会で、「大人は分かってくれなかった！」と訴えたそうです。

これもまた、子どもたちにとっては大きな学びだっただろうと思います。「障害を持つ人たちに親切に」などと〝道徳的〟な主張をどれだけしたところで、そんな綺麗事で世の中が簡単に動くわけじゃないということを、身をもって理解しただろうと思います。

ならば、どうすれば世の中を動かせるのだろう。「総合的な学習の時間」や「プロジェクトとしての道徳教育」の時間などでは、新たにそうした「問い」を立て、さらに深い探究（プロジェクト）が立ち上がることを期待したいと思います。そのような深い学びの機会をこそ、学校はたっぷり保障し支援していく必要があるとわたしは思います。

先ほども言いましたように、「プロジェクト型の学び」は必然的に教科横断的な学びになります。だから「プロジェクトとしての道徳教育」もまた、道徳の授業だけでなく、総合的な学習の時間と抱き合わせにしたり、他の教科と合科でやったりと、柔軟にカリキュラム編成をしていくといいでしょう。アイデア次第で、「プロジェクトとしての道徳教育」はいくらでも豊かに耕していくことができるのです。

社会の担い手として、自分たちの暮らす地域のさまざまな問題解決に子どもたち自身が関わっていく。

そんな教育は、言うまでもなく、もはや道徳教育と言うより立派な「市民教育」と言うべきだとわたしは思います。

探究(プロジェクト)の手順

本章の最後に、探究(プロジェクト)の手順と類型を簡潔に説明し、その上で、「プロジェクトとしての道徳教育」のテーマや問いについて、学習指導要領に沿う形でいくつか例示しておくことにしたいと思います。

まずは、探究(プロジェクト)の手順から。

探究(プロジェクト)型の学びは、基本的に次のステップを行きつ戻りつしながら進んでいきます。

①テーマ設定
②「問い」を立てる
③方法の案出、実行
④発表

これらのすべてを先生が決めた場合、それは「全構成型プロジェクト」と呼べるでしょう。たとえば、

①テーマ：「死刑制度」
②問い：「死刑は人権侵害か？」
③方法：「五人一組のチームになって、専門家へのインタビューをした上で議論する」
④発表：「各チーム一〇分間のプレゼンを行う」

といった具合です。子どもたちは、この流れ通りにプロジェクトを遂行することになります。

こうした全構成型プロジェクトも、探究型の学びの一つのあり方ではあります。でもできることなら、ぜひ「非構成型プロジェクト」あるいは「一部構成型プロジェクト」にチャレンジいた

だければと思います。

それは、これら四つのステップをできるだけ子どもたち自身にゆだね、教師はその探究支援に徹する探究（プロジェクト）型の学びです。

ただし先述したように、テーマ自体は学校や先生が用意する場合があっても構いません（もちろん、子どもたち自身に関心のあるテーマがあれば、そちらを優先した方がいいでしょう）。でも「問い」については、できるだけ子ども（たち）自身が立てる。そしてその問いを解明するための方法も、成果を発表する方法も、教師や仲間、また時に専門家などの力を借りて、自分（たち）で考える。そのような、できるだけ非構成型の「プロジェクトとしての道徳教育」に、ぜひ挑戦してみてください。

ちなみに、前にも少し言ったように、「問い」を立てるというのはそれ自体がきわめて高度な営みです。意義ある「問い」を立てられるためには、まずはそのテーマに浸り切り、多くの知識等を獲得しなければなりません。そのための時間を、探究（プロジェクト）型の学びの際はできるだけ確保するよう意識していただきたいと思います。

探究（プロジェクト）の類型

探究（プロジェクト）の類型には、大きく次の三つが挙げられます。

①課題解決型
②知的発見型
③創造型

①の課題解決型は、たとえば冤罪《えんざい》の死刑囚をいかに減らせるかを考えるようなプロジェクト。②の知的発見型は、たとえば古代から現代にいたる、死刑の方法や歴史を知るプロジェクト。③の創造型は、たとえば死刑を題材にしたドキュメンタリー映画をつくるといった、ものづくりのプロジェクト。

もちろん、これら三つの類型は、プロジェクトの過程でさまざまに融合するものです。冤罪の死刑囚をいかに減らせるかを考える課題解決型のプロジェクトに当たっては、さまざまな新しい知的発見もあるはずです。死刑の歴史を知る知的発見型プロジェクトにおいても、その成果を映像作品にして伝えるなんていう創造型プロジェクトと融合する場合もあるでしょう。

「プロジェクトとしての道徳教育」のテーマ例

以上述べてきた、探究（プロジェクト）の手順と類型を踏まえて、最後に「プロジェクトとしての道徳教育」のテーマとそれに関する問いの例をいくつか挙げておくことにしたいと思います。あくまでも例ですので、それぞれの現場の状況に応じて、より意義深いテーマや問いを見つけていただければと思います。特に「問い」については、先述したようにできるだけ子どもたち自身が立てることを意識いただければと思います。

以下、ちょっとふざけたように見える「問い」もあるかもしれませんが、これらはどれも、学習指導要領に応じたものであるだけでなく、多くの子どもたちもきっと興味を持つだろう、それなりにリアリティのあるものではないかと思います。

A．主として自分自身に関すること

テーマ：努力

問い：「そもそも努力って美徳なの？」

「怠《なま》け癖をなくす方法　～心理学に学ぶ～」

「毎日腕立て＆腹筋＆背筋続けたぞ！　～しかも一日一回ずつ増やしたぞ！～」

テーマ：自分

問い：「私って何？　～対話と内省から～」

「遺伝子から知る私　～遺伝子診断を受けてみる～」
「解脱《げだつ》大実験　～禅寺修行をやってみた～」

B．主として人との関わりに関すること

テーマ：家族
問い：「私のファミリーヒストリー（家系図）作成プロジェクト」
「こんなに違う！　世界の家族システム」
「日本の家族の歴史」

テーマ：同性と異性
問い：「性は二つだけじゃない？」
「科学で解明するセックス」
「性差別の歴史」

テーマ：人間の多様性
問い：「人種の起源」

「史上最悪の宗教戦争ワースト３」
「異なる人種、その遺伝子を調べてみれば……」

C．**主として集団や社会との関わりに関すること**
テーマ：差別
問い：「世界の十大差別」
「差別とは何か　～哲学的探究～」
「私の町の外国人差別問題、どうすればなくせるか？」

テーマ：国家
問い：「国がなかったらどうなるだろう？」
「今の国境、どうやってできた？」
「こんなにあった、国連が抱える諸問題」

D．**主として生命や自然、崇高なものとの関わりに関すること**
テーマ：自然

問い：「『風の谷のナウシカ』から考える自然との共生」
「史上最悪の自然破壊ワースト３」
「日本の宗教は自然をどう考えてきたか？」

テーマ：生命
問い：「生命はどこから来たのか？」
「仏教は生命をどう考えてきたか？」
「捨てられたペットを救え！　～私たちの町の動物殺処分ゼロ化プロジェクト～」

こうしたさまざまな〝自分（たち）で立てた問い〟に、子どもたちは、個人やチームで、数週間から数ヶ月かけて挑んでいきます。前に言ったように、それぞれが異なる問いに挑んでその成果を持ち寄れば、相互触発も相当なものになるでしょう。先生方には、ぜひ、そんな子どもたちの頼れる〝探究支援者〟として、深く豊かな探究を支えていっていただきたいと思っています。

第Ⅲ部　市民教育への道

これまで、そもそも道徳とは何か、そして、これからの意義ある道徳教育をどう実践していくことができるか、お話ししてきました。

そこで最後に、これまで繰り返し述べてきた、道徳教育を市民教育へと発展的に解消させるための来るべき学校の姿を描き出すことにしたいと思います。

第6章　来るべき市民教育のために

市民教育の土台としての学校

学校は、市民社会の原理、すなわち「自由の相互承認」の原理を現実のものにするための、最も大事な制度の一つです。だからわたしたちは、学校を、その全体を通して子どもたちの「自由の相互承認」の感度を育んでいくものとしてつくっていかなければなりません。

ですから当然、それは道徳科の授業だけでやればいいというものではありません。やがて道徳科が「市民教育科」といったものに発展的に解消されることがあったとしても、その教科の時間だけでやればいいわけではないのです。前にも述べたように、現行の学習指導要領でも、道徳教育は学校の教育活動全体を通して行うべきものとされています。

前章までに論じてきたのは、どちらかと言えば〝授業〟で実践できるアイデアでした。そこで本第Ⅲ部では、さらに大きな視点から、市民教育の土台としての学校そのものをどのようにつくり上げていくことができるか、提案したいと思います。

かなり先を見越した提言ですので、今は現実味を感じられないかもしれません。「そんなことできるわけがない」と思われる方もいるでしょう。

確かに、一朝一夕にはいかないアイデアだと思います。でもわたし自身は、国内外のさまざまな事例や動向をこれまでつぶさに見てきて、そう遠くない将来、必ず実現するアイデアだと確信しています。少なくとも、そんな学校をわたしは目指し続けたいと思っています。

学年学級制の不思議

結論から言えば、わたしは学校を、もっともっと多様性が混ざり合った、いわば〝ごちゃまぜのラーニングセンター〟にしていくべきだと考えています。

そもそも市民社会とは、生まれも育ちもモラルも価値観も国籍も宗教も異なった、きわめて多様な人びとからなる社会です。だから学校もまた、本来であれば、できるだけ多様な人たちが出会い、知り合い、多様性を「相互承認」する機会をもっと豊かに整える必要があるはずなのです。でも、今の多くの学校は、ある意味ではきわめて同質性の高い空間です。

同じ学年の子どもたちだけからなる学級集団を、みなさんは不思議に思ったことはないでしょうか？　そんな同年齢集団は、学校のほかにはないんじゃないかと思います。

「自由の相互承認」は、わたしたちがまさに多様な人たちと出会い、知り合うことから始まります。知り合うことがなければ、分かり合うことも、そして認め合うことも当然できないからです。だから学校も、本来であれば、年齢や世代や障害のあるなしや国籍などを超えて、もっともっと多様な人たちが行き交う場にしていく必要があるはずなのです。

でも、学校は長い間それができませんでした。というのも、近代の学校は、大量の子どもたちに一気にさまざまな知識技能を学ばせる必要があったからです。そのため、学年学級制を採用し、「みんなに同じことを、同じペースで、同じようなやり方で学ばせる」、いわば大量生産型・ベルトコンベヤー式の教育を続けてきたのです。多様な子どもたちが教室にいれば、画一的なカリキュラムを一斉に教えることができなくなってしまうからです。

こうして、学年が分けられ、小学生と中学生が分けられ、中学生と高校生が分けられることになりました。障害のあるなしでも分けられることになりました。学校は、かなり同質性の高い子どもたちからなる集団になったのです。

改めて考えてみると、今、障害を持った多くの人と日常的に交流している中学生が、一体どれだけいるでしょうか。幼児としょっちゅう遊んでいる高校生が、一体どれだけいるでしょうか。現代の社会では、子どもと日常的に交流した経験のない若者が、その後もほとんど子どもと関わることなく親になることだってあるのです。いや、むしろそれが一般的です。わたしたちは、いつしか激しく分断された社会を生きているのです。

同年齢集団は、どうしても同調圧力が働きやすく、異質な存在を排除しようとする傾向を生み出してしまうものです。その結果、子どもたちは人と違うことを恐れ、空気を読み合うことをいくらか強いられるようになります。

〝人と違う〟がゆえに学校になじめず、ついには不登校になってしまった子どもたちと、わたしはたくさん出会ってきました。でも彼らの多くは、学校を一歩出ると、実はとても生き生きとできるものです。実はわたしのゼミにも、不登校の中学生や高校生などがよく参加しています。彼女たちは、大学生に引けを取らないくらい、議論に対等に、そして楽しそうに参加しています。

コミュニティが同質であればあるほど、わたしたちは息苦しくなるものです。でも、もし多様性が担保されていたならば、そしてその多様性を必要に応じて行ったり来たりできたなら、自分がより生き生きできる人間関係を見つけることも容易になるに違いないのです。

学校を〝ごちゃまぜのラーニングセンター〟にしていこう

そんなわけで、わたしが思い描いている未来の学校の姿は、幼児から小・中学生、高校生、大学生、地域の人やお年寄り、障害者や外国人まで、とにかく多様な人が当たり前のように集い合う、〝多様性がごちゃまぜのラーニングセンター〟です。学校の複合施設化と言ってもいいでしょう。学校を、子どもたち〝だけ〟が学ぶ場ではなく、さまざまな人たちが集い学び合う場にしていくのです。そうして、多様な人たちが、必要に応じて、同質性や多様性を行ったり来たりできる環境をつくるのです。

学校は、なぜ子どもたち〝だけ〟が学ぶ場でなければならないのでしょう？　せっかくの学習施設です。必要に応じて多様な人が集い学び合う、相互刺激の場にしてみてはどうでしょう？

そんなことできるわけがない、と思われるかもしれません。

確かに、壁はいくつもあるでしょう。セキュリティの問題は、特に考えなければならない問題です。

でもわたしは、いくつもの理由から、これは二〇～三〇年後の未来にはきっと実現する、少なくとも実現させるべき学校の姿だと確信しています。

理由は大きく二つあります。

一つ目の理由は、前にも言ったように、「みんなで同じことを、同じペースで」の学びが、今や時代に合わなくなっていることに、多くの人が気づいていることです。

カリキュラムは、今後「探究（プロジェクト）」が中心に確実になっていきます。とすれば、その探究が異年齢チームで行われることも十分ありうるでしょう。小学生と中学生と高齢者による、地域の課題解決プロジェクトチームが組まれることだってあるかもしれません。学校は、今よりもっともっと、多様性を自然に包摂できる空間になっていけるはずなのです。

先述したように、学習指導要領は「社会に開かれた教育課程」を謳っています。地域の人たちが学校教育にもっと参画することを、文科省は大いに奨励しているのです。

学校の中に、もっと多様性や流動性を。同質性の高い息苦しい空間を、もっと風通しのいいものにしていきたいものだと思います。

小規模校・学校統廃合問題

学校が〝ごちゃまぜのラーニングセンター〟になっていくだろうもう一つの理由は、特に地方で進んでいる、少子化や過疎化に伴う小規模校や学校統廃合の問題です。今、学校統廃合は加速度的に進んでおり、中には何十キロものバス通学をしている子どもたちもいます。現代の学校教育における、最大の問題の一つです。

でもわたしは、まさにこの現状こそが、学校を否応なく〝ごちゃまぜのラーニングセンター〟にしていく大きなきっかけになるのではないかと考えています。

小規模校について言えば、今、全国で複式学級が急速に増加しています。一年生と二年生など、異年齢からなる学級のことです。

でもこれは、見方を変えれば、異年齢という多様性の〝ごちゃまぜ〟がすでに実現した環境だと言うこともできます。

複式学級では、同じ教室内で、異学年の子どもたちを二つに分けて一斉授業をする光景も時折見られます。でもそれはあまりにもったいないことです。ぜひ、これをチャンスに、学びの「個別化」と「協同化」の融合へと舵を切っていきたいものだと思います。異年齢という多様性を活かした、〝ゆるやかな協同性〟に支えられた個の学びを実現するのです（「個別化」と「協同化」の融合、より正確には、「学びの個別化・協同化・プロジェクト化の融合」とわたしが呼んでいるこれからの学びのあり方については、拙著『教育の力』および『「学校」をつくり直す』をご参照いただければ幸いです）。

そして当然、「プロジェクト」は、時と場合に応じて異年齢からなるプロジェクトチームによって進めることが可能です。小規模校は、多様性が自然な形で混ざり合う条件がすでに整っているのです。

次に、学校統廃合の問題について。

これもまた、わたしは学校を〝ごちゃまぜのラーニングセンター〟にしていくための大きなきっかけにすることができると考えています。

せっかくの学校を、統廃合してつぶしてしまうのではなく、学びの複合型施設へとリバイバルするのです。そのことによって、学校を子どもたちだけが学ぶ場所ではなく、地域の人、親、学生、幼児など、さまざまな人が集い学び合う、〝ごちゃまぜのラーニングセンター〟にしていくのです。

先生だって、学校を自分の学びの場として、子どもたちにその姿を大いに見せてあげてほしいと思います。たとえば、国内外の最新の教育事情を学ぶためのプロジェクトチームなんかをつくって、学校で大いに学び合っていただきたいと思います。先生は、子どもたちの「共同探究者」「探究支援者」であると同時に、自らがまさに「探究者」であり続けるのです。

大人が学ぶ姿を見ることは、子どもたちにとって大きな刺激になるはずです。子どもたちや保護者の多くは、先生が研修などで常に学び続けていることをあまり知りません。だったらなおさら、子どもたちの目に触れないところで研修を行うのではなく、むしろ子どもたちがプロジェクトに勤《いそ》しむその隣で、先生たちもプロジェクトに打ち込んでいるなんていう姿があっても素敵じゃないかとわたしは思います（もちろん、学校では子どもたちの「探究支援者」であることが第一ですが）。

学校は地域づくりの要です。なくなると、地域住民をつなぎ合わせていた力が弱まり、町の活気も失われてしまいます。

だったら、学校を今よりもっと多様な人たちの学びの空間にしてしまってはどうか。わたしはそう考えています。

先ほど少し触れた、二〇二〇年に仲間と共に開校を予定している幼小中「混在」校、軽井沢風越学園は、文字通り、幼小中が混ざり合う学校として構想しています。「自由」と「自由の相互承認」の実質化を学校づくりの原理とし、「同じから違うへ」と「分けるから混ぜるへ」をコンセプトとした学校です。

それは文字通り、〝ごちゃまぜのラーニングセンター〟になるでしょう。幼小中の子どもたちだけでなく、保護者や地域の人たちも、それぞれの関心や必要に応じてこの学校に関わり学び合う、そんな学校にしたいと考えています。

軽井沢と言うと、お金持ちの別荘地のイメージがありますので、時々裕福な家庭の子どもたちのための私立学校と誤解されてしまうのですが、わたしたちが目指しているのはそのような学校ではありません。あくまでも、地元の子どもたちのための「地域と共にある学校」です。寮などもつくりません。

ほんとうは公立学校をつくりたかったのですが、義務教育段階においては公設民営の公立学校の設置が法律で認められていないため、ひとまず私立学校の形を取りました。でも、経済的な理由で入学できないような子どもがいないよう、今さまざまな方策を練っているところです。

とまれ、来るべき市民教育の本質は、単に道徳教育や市民教育の〝授業〟をするだけでなく、学校それ自体を、多様な人たちが知り合い、交流し、そして「相互承認」の感度を育み合っていく場としてつくっていくことにあるとわたしは考えています。

繰り返しますが、これは決して突飛なアイデアではありません。今の常識に、あまりとらわれないようにしたいと思います。わたしたちが今知っている学校の姿は、歴史的、また世界的に見てもきわめてローカルなものです。そもそも公教育制度自体が、整備されてからせいぜい一五〇年の歴史しかないものなのです。時代と共にその姿が大きく変わっていくのは、ある意味で当然のことです。

右に述べたことは、何十年後かの、ごく一般的な学校の姿になっているかもしれません。いや、そのような姿へと、わたしたちは学校を向かわせていく必要がある。わたしはそう考えています。

〝種〟を育てる

最後に改めて。

わたしたちが暮らす市民社会は、異なるモラルや価値観を持った人たちが、他者の自由を侵害しないかぎりにおいて、その多様性を承認し合うことで成り立つ社会です。「自由の相互承認」――繰り返し述べてきたように、これは、何万年にもわたる人類の命の奪い合いの果てに哲学者たちが見出した、英知の中の英知なのです。

とすれば、今の道徳教育がやるべきことも、来るべき市民教育がやるべきことも、その原理ははっきりしています。

何か特定の、習俗のモラル群を教えるのではなく、「自由の相互承認」の原理をこそ伝え、その感度を育むこと。道徳教育や市民教育の本質は、このことのほかにありません。

それはどうすれば可能なのだろう?

本書でわたしは、そのアイデアを、その気になれば先生が明日からチャレンジできるはずの実践から、近未来の学校のあり方にいたるまで、具体的に提案してきました。一般的な「道徳授業のつくり方」の本とは、かなり趣《おもむき》の異なる内容だったとは思います。でもわたしは、本書で展開したような内容こそが、これからの道徳教育――市民教育――の大事なビジョンであるはずだと確信しています。

とはいえ、これらのアイデアはまだまだほんの〝種〟と言うべきものです。

本書をたたき台にして、多くの先生や保護者、また子どもたち自身が、これからあるべき道徳教育や市民教育のあり方、そして学校そのもののあり方を、ぜひ考え合っていただきたいと願っています。

あとがき

「はじめに」でも述べたように、道徳の教科化は、そもそも道徳とは一体何なのかという深い議論も、またその共通了解もないまま実現しました。哲学が、その二五〇〇年の歴史を通して、道徳の本質についての鍛え抜かれた〝答え〟をさしあたり見出してきたにもかかわらず、それが顧《かえり》みられることもほとんどありませんでした。

だからいつか、道徳教育についてしっかり論じたい。そう、長い間思ってきました。それが、哲学徒であり、また同時に教育学徒でもあるわたしの、大げさに言えば一つの使命でもあるだろう、と。

そもそも道徳とは何か。なぜ、公教育は道徳教育ではなく市民教育をすべきなのか。市民教育とは一体何か。そのような市民教育を、現行の学習指導要領の範囲内において、わたしたちはどう実践することができるのか。そして、来るべき市民教育を実現する、近未来の学校はどうあるべきか。

――これらの問いに対する本書の〝答え〟に、多くの方からのご批判やご意見をいただければとてもうれしく思います。

あとがき

本書には、月刊『教職研修』（第四一巻、二〇一三年）に寄稿した「そもそも『道徳』とは何か」、熊本日日新聞での連載「くまにち論壇」における「育みたい『自由の相互承認』」（二〇一八年六月一七日）、また『授業づくりネットワーク』（第二八号、二〇一八年）における竹田青嗣氏との対談「全面実施目前、『道徳』の本質を問う！」等の原稿に加筆修正したものを一部掲載しています。各編集部のみなさんに、心より感謝申し上げます。

本書は、トランスビューの高田秀樹さんの企画によって実現しました。わたしがそろそろ道徳教育についてまとまったものを書きたいと思っていたのを見透かすようなタイミングでお声がけをいただいたことに、深く感謝しています。読者のみなさんに、どうすればより深く訴えかけられるような内容にできるか、高田さんからはありがたいアドバイスをたくさんいただきました。本当にありがとうございました。

二〇一九年六月

苫野 一徳

参考・引用文献

荒木寿友『学校における対話とコミュニティの形成――コールバーグのジャスト・コミュニティ実践』三省堂、二〇一三年
荒木寿友『ゼロから学べる道徳科授業づくり』明治図書、二〇一七年
内田良・苫野一徳『みらいの教育――学校現場をブラックからワクワクへ変える』武久出版、二〇一八年
川辺洋平『自信をもてる子が育つこども哲学――〝考える力〟を自然に引き出す』ワニブックス、二〇一八年
「考え、議論する道徳」を実現する会『「考え、議論する道徳」を実現する！――主体的・対話的で深い学びの視点から』図書文化、二〇一七年
金泰明『人権は二つの顔をもつ』トランスビュー、二〇一四年
ウィル・キムリッカ著、千葉眞・岡﨑晴輝他訳『新版 現代政治理論』日本経済評論社、二〇〇五年
河野哲也『「こども哲学」で対話力と思考力を育てる』河出書房新社、二〇一四年
河野哲也『じぶんで考えじぶんで話せる こどもを育てる哲学レッスン』河出書房新社、二〇一八年
河野哲也『道徳を問いなおす――リベラリズムと教育のゆくえ』筑摩書房、二〇一一年
小玉重夫『シティズンシップの教育思想』白澤社、二〇〇三年
コンドルセ著、松島鈞訳『公教育の原理』明治図書出版、一九六二年
佐藤隆之『市民を育てる学校――アメリカ進歩主義教育の実験』勁草書房、二〇一八年
スコット・ジェイムズ著、児玉聡訳『進化倫理学入門』名古屋大学出版会、二〇一八年
竹田青嗣『人間的自由の条件――ヘーゲルとポストモダン思想』講談社、二〇〇四年
ジョン・デューイ著、松野安男訳『民主主義と教育（上・下）』岩波書店、一九七五年
寺脇研『危ない「道徳教科書」』宝島社、二〇一八年
苫野一徳『どのような教育が「よい」教育か』講談社、二〇一一年

苫野一徳『教育の力』講談社、二〇一四年
苫野一徳『子どもの頃から哲学者――世界一おもしろい、哲学を使った「絶望からの脱出」!』大和書房、二〇一六年
苫野一徳『はじめての哲学的思考』筑摩書房、二〇一七年
苫野一徳『「学校」をつくり直す』河出書房新社、二〇一八年
フリードリヒ・ニーチェ著、木場深定訳『道徳の系譜』岩波書店、一九六四年
西研「本質観取とエピソード記述」『本質学研究』第二号、二〇一六年、六二―七六頁
マルティン・ハイデッガー著、関口浩訳『芸術作品の根源』平凡社、二〇〇八年
ガート・ビースタ著、上野正道、藤井佳世、中村(新井)清二訳『民主主義を学習する――教育・生涯学習・シティズンシップ』勁草書房、二〇一四年
広田照幸『格差・秩序不安と教育』世織書房、二〇〇九年
スティーブン・ピンカー著、幾島幸子・塩原通緒訳『暴力の人類史(上・下)』青土社、二〇一五年
ミシェル・フーコー著、田村俶訳『監獄の誕生』新潮社、一九七七年
藤川大祐『道徳教育は「いじめ」をなくせるのか――教師が明日からできること』NHK出版、二〇一八年
G・W・F・ヘーゲル著、長谷川宏訳『ヘーゲル美学講義(上)』作品社、一九九五年
ヤン＝ヴェルナー・ミュラー著、斎藤一久・田畑真一・小池洋平監訳『憲法パトリオティズム』法政大学出版局、二〇一七年
スティーヴン・ムルホール&アダム・スウィフト著、谷澤正嗣訳『リベラル・コミュニタリアン論争』勁草書房、二〇〇七年
マシュー・リップマン、フレデリック・オスカニアン、アン・マーガレット・シャープ著、河野哲也、清水将吾訳『子どものための哲学授業――「学びの場」のつくりかた』河出書房新社、二〇一五年
渡辺雅之『「道徳教育」のベクトルを変える――その理論と指導法』高文研、二〇一八年

苫野一徳（とまの・いっとく）

1980年兵庫県生まれ。熊本大学教育学部准教授。哲学者、教育学者。主な著書に、『どのような教育が「よい」教育か』（講談社選書メチエ）、『勉強するのは何のため？』（日本評論社）、『教育の力』（講談社現代新書）、『「自由」はいかに可能か』（NHKブックス）、『子どもの頃から哲学者』（大和書房）、『はじめての哲学的思考』（ちくまプリマー新書）、『「学校」をつくり直す』（河出新書）がある。幼小中「混在」校、軽井沢風越学園の設立に共同発起人として関わっている。

ほんとうの道徳《どうとく》

二〇一九年 六 月二〇日　初版第一刷発行
二〇二一年一一月二〇日　初版第四刷発行

著　者　苫野《とまの》一徳《いっとく》
発行者　工藤秀之
発行所　株式会社トランスビュー
東京都中央区日本橋人形町二-三〇-六
郵便番号一〇三-〇〇一三
電話〇三（三六六四）七三三四
URL http://www.transview.co.jp

装丁　クラフト・エヴィング商會
印刷・製本　中央精版印刷
ISBN978-4-7987-0171-4 C0037　*Printed in Japan*